AF261887

Mme **MARIE DU SACRÉ-CŒUR**

RELIGIEUSE DE NOTRE-DAME

LES RELIGIEUSES ENSEIGNANTES

INTRODUCTION

A LA CINQUIÈME ÉDITION

PARIS

A^{ne} M^{on} GAUME et Cie,

X. RONDELET ET Cie ÉDITEURS

3, RUE DE L'ABBAYE, 3

1899

LES RELIGIEUSES ENSEIGNANTES
Et les Nécessités de l'Apostolat

INTRODUCTION

A la 5e édition

Au moment où va paraître la 5e édition des *Religieuses Enseignantes* et notre nouveau volume : *La Formation Catholique de la Femme Contemporaine*, nous avons cru utile de publier cette introduction explicative, afin de préciser notre pensée et de porter la lumière sur certains points imparfaitement compris et mal interprétés. Espérons que ces pages, ainsi que les notes complémentaires, placées à la fin du volume, mettront tout au point.

Notre désir étant, non de rallumer la controverse, mais de tout pacifier, suivant le désir de Sa Sainteté Léon XIII, nous souhaitons que nos intentions franches et loyales soient comprises ; et que, sur ce terrain, éminemment catholique, de la formation de la femme en vue de sa mission, les chrétiens de bonne foi puissent s'entendre.

Le livre : « *La Formation Catholique de la Femme Contemporaine* » (1) était sur le point de paraître lorsqu'une bruyante polémique, s'évertuant à dénaturer mes pensées, mes intentions, mes écrits, en fit ajourner la publication.

N'allait-on pas qualifier ce nouveau volume un défi ou une orgueilleuse riposte ? Il n'est rien moins que cela cependant. Composé comme son frère aîné, je dirais presque son frère jumeau, dans le silence du cloître, il est l'expression loyale d'une conviction raisonnée. Sur chacune de ses pages, l'auteur a versé un peu de sa vie, un peu de son âme.

Si j'ai commis d'involontaires erreurs, si quelques exagérations se rencontrent sous ma plume, si certaines propositions paraissent discutables, Dieu me le pardonnera, j'espère; et puisque de toute ma volonté j'ai cherché le vrai, le lecteur impartial me doit au moins le respect accordé, d'ordinaire, aux adversaires de bonne foi.

Cependant, la malveillance d'ennemis que j'ignore, n'allait-elle pas, par un habile travestissement de ma pensée, donner au nombreux public des snobs

---

(1) Cet ouvrage est à cette heure chez M. X. Rondelet et Cie, éditeur, rue de l'Abbaye, 3.

des idées radicalement fausses sur l'œuvre à laquelle j'ai consacré ma vie ?

De ce fait, combien d'âmes honnêtes, susceptibles d'être gagnées à une noble et juste cause, ne se rangeraient-elles pas dans le camp adverse, trompées par d'ingénieux racontars ?

Dès lors, devais-je tenir secrète encore cette publication ou la lancer comme la justification la meilleure ?

J'hésitais !

Devant cette polémique acharnée, quelle conduite me convenait-il de tenir ? Si le silence était sage, la calomnie accréditée pouvait nuire à l'œuvre ; cependant, nombre d'articles, simplement grotesques, accusant la splendide audace de certains journalistes et la naïveté plutôt enfantine de leurs lecteurs, ne pouvaient nous faire grand mal. J'admirais stupéfaite. Ce phénomène était vraiment nouveau pour moi. Comment des femmes, des hommes intelligents, prêtaient-ils créance à de telles absurdités ? D'autres articles, trop élogieux, peu mesurés, dépassaient le but. Presque aucune de ces critiques ne rendait intégrale ma pensée et mes intentions(1). En quelques-unes, dues hélas, à des plumes catholiques, ma bonne foi a été suspectée, ma personna-

____

(1) Nous tenons cependant à remercier ici certaines feuilles, certaines revues, du tact, de la modération avec lesquels elles ont défendu notre œuvre. Là, la charité chrétienne, l'esprit évangélique n'a pas été sacrifié.

lité discutée ; et, par un raffinement plutôt cruel, dont la raison m'échappe, des coups furent portés, qui retentirent douloureusement en des êtres bien chers. La religieuse pas plus que la femme n'a été épargnée.

Dieu, soutien des faibles, versa sans doute, sur l'infime instrument mû par sa main divine, une de ces grâces de force et de surnaturelle clarté qui, montrant chaque chose sous un jour spécial, me permirent de reconnaître dans la croix, la messagère du ciel, l'annonce d'un succès prochain.

Quelle œuvre viable ne porte les glorieux stigmates du Christ ? Pouvais-je me plaindre de cette distinction de choix ? Et puis, à côté de l'épreuve, des voix autorisées, de celles qui, pour moi, sont l'organe officiel de la volonté divine, mon ordinaire, mon Supérieur, multiplièrent, en cette heure critique, les marques d'encouragement, d'estime, de sympathie.

Et calme, malgré la tempête, j'attendis l'heure providentielle pour répondre à tant de clameurs par un exposé simple et clair de ce que, en mon âme et conscience, de personne honnête et chrétienne, je crois être la vérité.

Cette heure me semble avoir sonné : le temps a coulé un peu de ses eaux pacifiantes, sur ces colères ardentes ; j'ai été lue. Certains, m'ayant condamnée d'après des on dit, ont vérifié et sont devenus des amis bien sincères.

Maintenant, que les bouillants se sont calmés, que

les sages ont eu le loisir de réfléchir, je puis, à mon
tour, présenter ma défense, — ou plutôt, celle de mes
idées. — Je parlerai avec la plus simple franchise,
suppliant notre Divin Maître de faciliter ma tâche
en me donnant, et son esprit, et la religieuse charité
qui devrait animer tous les enfants de Dieu.

Je ferai abstraction complète des personnes. Plusieurs qui ont cru devoir me blâmer méritent, à
tous les titres, ma vénération et mon plus religieux
et filial respect. Assurée qu'un malentendu fâcheux
seul nous sépare, je ne saurais ni médire de leurs
intentions, ni garder contre elles aucune aigreur.
Un jour, peut-être, irai-je frapper à ces portes,
aujourd'hui fermées, et obligerai-je ceux qui me
traitent en ennemie à reconnaître que, servant la
même cause, poursuivant le même but, nous pouvions
nous entendre ; car il n'est rien dans mes intentions
qui mérite tant d'anathèmes. Que de phrases ont
été placées entre guillemets et reproduites à l'infini
comme extraites de mon livre, et qui ne renferment
pas un mot de moi! D'autres sont si foncièrement dé-
naturées, qu'elles laissent l'impression radicalement
contraire à celle que j'ai eu l'intention de produire.
De tels procédés ont égaré l'opinion de personnes
que j'estime profondément, et qui, par leurs idées et
leurs tendances bien connues, devaient être nos amis.

Certains détracteurs, habitués, m'assure-t-on, à
des procédés louches, à des manœuvres perfides,
coutumiers de la fraude et du mensonge, peu sou-

cieux de se conformer au désir du Souverain Pontife, sont indignes même d'un souvenir : nous n'en parlerons pas. D'autres encore, littérateurs légers, fabricants de copies à prix fait, ont critiqué à tort et à travers un livre qu'ils n'avaient point lu, une œuvre qu'ils ne connaissaient pas, m'attribuant, à moi, religieuse cloîtrée, par une confusion sans doute involontaire, mais cependant impardonnable, des passages, falsifiés du reste, d'un livre dont on a pu constater la haute et profonde originalité, qu'une femme distinguée a pu signer d'un nom historique, et dont des théologiens, s'inspirant de la *Somme* de Saint-Thomas, ont garanti l'orthodoxie. Ces passages, sous la plume d'une éducatrice, épouse, mère et grand'mère, peuvent avoir leur raison d'être ; sous celle d'une religieuse, ils étonneraient et même ils choqueraient, d'autant plus qu'ils échappent totalement à sa compétence : une femme vouée par vœu à la virginité ne peut aborder certains sujets.

Sans doute, Mme la vicomtesse d'Adhémar, pas du tout américaine, comme on s'est plu à le répandre, mais aussi profondément catholique que française, a bien voulu abandonner à notre œuvre les fonds recueillis pour la sienne. Découle-t-il de là que son programme, élaboré, non pour des religieuses, ni même pour des jeunes filles, mais pour des femmes de la haute société, pour des institutrices destinées à vivre dans les familles, devienne nécessairement le programme de nos religieuses enseignantes ?

A propos de programmes, il ne serait pas inutile de relever la perfidie avec laquelle certains polémistes savent dénaturer la pensée des auteurs qu'ils attaquent. Ils ont affirmé, et publié en maints organes, que, dans son ouvrage sur la *Nouvelle éducation de la femme dans les classes cultivées*, Mme la Vicomtesse d'Adhémar avait *conseillé aux jeunes filles* la lecture de Balzac, de Michelet, de Renan dont la plupart des ouvrages, comme chacun sait, sont frappés de l'index. J'ai lu, au contraire, dans ce livre, une page très belle, et d'un sens critique très profond, où les idées de Michelet et de Renan, sont flagellées avec l'indignation d'une âme chrétienne et la hauteur de vues d'un esprit philosophique (1). Sans doute Mme d'Adhémar conseille *aux maîtresses*, et non aux élèves, la lecture d'*extraits* de ces auteurs, mais, dans sa pensée, ces lectures qui devaient avoir pour objet de développer leur culture générale et d'affiner leur jugement littéraire et leur sens critique, n'excluaient en aucune façon, la condamnation de l'esprit général qui anime ces auteurs ; tout au contraire, elles devaient mettre les jeunes maîtresses en mesure de mieux justifier cette condamnation. Mais tous les manuels de littérature, même ceux qui pénètrent dans les couvents, ne

____

(1) Ouvrage cité, p. 240-241.

contiennent-ils pas des fragments de Voltaire, de Jean-Jacques Rousseau, voire même d'Alfred de Musset ? Et dit-on pour cela que les couvents conseillent la lecture de Voltaire, de Rousseau, de Musset ?

Les auteurs de ces calomnies, qu'il serait permis de qualifier d'odieuses, si elles n'étaient absurdes, ont une confiance, justifiée peut-être, en la crédulité de leurs lecteurs.

Comme unique justification, je réclame la lecture impartiale de mon premier volume.

J'y reviens encore, j'ai pu me tromper, mais ma sincérité a été trop réelle pour ne se point révéler à chaque page ; aussi, si je redoute la calomnie de laquelle il reste toujours quelque chose, je n'ai point peur de l'intelligente vérification.

Le programme le plus étrange m'a été prêté. Cependant, j'avais pris soin d'écrire qu'aucune œuvre suspecte ne serait mise entre les mains d'une religieuse.

Au reste, voici mon texte :

« Notre pensée n'est pas — et nous tenons à le dire — de faire tout voir, de faire tout lire

---

(1) Une Semaine Religieuse, que nous ne nommons pas, après avoir horriblement médit de notre modeste ouvrage avait la naïveté d'ajouter : « Nous tenons à dire cependant que nous ne l'avons point lu. » Et elle confessait nous avoir jugée d'après les coupures reproduites partout. Or, ces coupures étaient falsifiées.

aux jeunes religieuses, sans choix et sans discernement. Si la lumière est bonne en soi, tous les yeux ne la supportent pas ; nous savons avec quelle respectueuse délicatesse les âmes consacrées demandent à être traitées ; et, si nous voulons être larges avec jugement, nous serons aussi prudentes avec bon sens. Il y a tant de belles œuvres ; pourquoi toucherions-nous au mal.

« Le mal est rarement beau ; d'une façon absolue, il ne l'est jamais. Si donc, par la force des choses, et pour se conformer aux programmes, un mauvais auteur doit être analysé, les passages seront choisis par une main expérimentée et, s'il le faut, sacerdotale ; mais il n'en reste pas moins vrai que nous désirons des âmes fortes, que nous verrions avec peine nous arriver des vocations chancelantes, auxquelles nous serions obligées de faire recommencer le noviciat (1). »

Et on assure que nous puiserons dans Michelet, Renan et consorts notre culture littéraire et philosophique ?

Il n'est pas inutile d'ajouter que les programmes, autant que possible conformes aux programmes officiels, seront étudiés et mûris par une commission

---

(1) *Les Religieuses Enseignantes*, p. 12.

d'ecclésiastiques et de savants, foncièrement catholiques, et capables de juger de la valeur doctrinale et scientifique de l'enseignement.

* *

J'apprends encore, non sans surprise, qu'à l'Institut Notre-Dame, il sera fait des cours sur « la dogmatique de l'amour » et sur « l'exercice normal des sens ». Que ces détracteurs citent une ligne de moi pour justifier leurs dires ?

J'ai parlé de conférences, il est vrai, et j'ai écrit : « Dans les études, on donnera une large place aux conférences religieuses, soit sur les questions de théologie morale, soulevées par les études, soit sur les grands principes de la dogmatique religieuse et chrétienne.

« Ces entretiens remplaçant l'oraison du soir seraient comme le contre poids des études profanes, qui, sans cela, pourraient devenir un danger » (1).

« Nous ajoutons que toutes les dispositions devraient être prises afin d'assurer à chaque sujet une direction sûre, en rapport avec les besoins d'une âme qui travaille et qui pense. »

D'autres feuilles annoncent qu'à l'Institut la messe

______

(1) *Les Religieuses Enseignantes*, p. 13.

sera supprimée. On ne peut être de plus mauvaise foi. Aux premières pages de mon livre, se lit l'alinéa suivant :

« Que pourrait être l'horaire de la journée ? (1)

« Préciser déjà serait plus que difficile : toutefois, nous pensons que les exercices religieux devraient être réduits, à une demi-heure d'oraison, le matin ; un quart d'heure de lecture spirituelle, un chapelet, une visite au Saint-Sacrement, le soir ; plus les deux examens règlementaires. Le dimanche seulement, les religieuses qui, par leur règle, sont astreintes à la psalmodie, assisteraient au Saint Office (2). »

« Une ou deux fois par semaine, l'oraison du matin serait faite tout haut, soit par l'aumônier de la maison, soit par une religieuse. Non pour enseigner l'art de l'oraison, qui est un don de Dieu, mais le moyen d'acquérir ce que, par ses efforts, l'homme peut en apprendre (3) »

Je n'ai point fait mention de la Sainte messe il est vrai ; comment aurais-je pu croire cette spécification nécessaire ?

J'ai encore écrit :

---

(1) *Les Religieuses Enseignantes*, p. 11.
(2) *Les Religieuses Enseignantes*, p. 11.
(3) *Les Religieuses Enseignantes*, p. 12.

« Nous ajouterons que toutes les dispositions devraient être prises afin d'assurer à chaque sujet une direction sûre en rapport avec les besoins d'une âme qui travaille et qui pense (1). »

.˙.

Il paraît aussi que l'œuvre projetée — œuvre mauvaise, pernicieuse — existerait déjà. Et l'on nous oppose un établissement laïque destiné à la formation d'institutrices séculières.

Il est grand temps de détruire la volontaire confusion que des ennemis habiles ont cherché à établir entre cette école et l'institut Notre-Dame. Malgré la déloyale campagne menée à ce sujet, nous constatons que cette œuvre, profondément catholique en soi, est appelée à réaliser un grand bien ; elle a toutes nos sympathies, mais la nôtre diffère essentiellement, et j'explique en quoi. L'Ecole normale de jeunes filles, destinée à la formation d'institutrices laïques, provoque et provoquera de plus en plus, par son existence même, la création d'une foule de maisons séculières libres, joignant à une supériorité incontestable un cachet chrétien suffisant pour calmer l'inquiétude des mères ; et, de ce fait, elle contraindra les couvents à une généreuse et féconde émulation.

Notre objectif — bien différent — est de commu-

____

(1) *Les Religieuses Enseignantes*, p. 13.

niquer aux fondations anciennes, sans modifier — je l'ai dit — ni les règles ni les constitutions, une sève, un renouveau nécessaire, en donnant à leurs sujets une formation pédagogique conforme aux besoins actuels. Cette rénovation intellectuelle rendrait aux monastères la supériorité d'influence, disparue en maints endroits, et qui longtemps fut leur apanage.

L'œuvre de l'école normale des jeunes filles ne peut être une œuvre rivale, c'est une œuvre connexe qui fait et fera pour les institutrices laïques ce que nous nous préparons à faire pour les institutrices religieuses.

Chez nous, conférences, direction d'âme, lecture spirituelle, tout enfin, jusqu'à l'atmosphère, tendra à développer l'esprit religieux. C'est même dans ce sens que toutes les études seront poussées. Pas un instant, il ne sera perdu de vue que l'enseignement s'adresse à des âmes consacrées. Dans les écoles que l'on nous oppose, l'élément laïque restera toujours l'élément dominant, et la religieuse ne s'y rencontrera jamais qu'à l'état d'exception. Dans les cas assez rares, où des supérieures de congrégations croiraient pouvoir soumettre quelques sujets d'élite au contact perpétuel de compagnes destinées à vivre dans le monde, sans vœu ni règle, elles pourront les envoyer à une de ces créations séculières, assez nombreuses de nos jours ; ce ne sera jamais que par exception, et rarement, croyons-nous, sans danger.

Mais encore, pourquoi ces luttes et ces discordes ? A nouveau, j'adresse un appel loyal à toutes les maisons susceptibles de m'aider ; que celles qui veulent soutenir l'œuvre viennent à nous loyalement : unissons nos forces pour la lutte contre l'enseignement anti-religieux. Ce sera plus intelligent et plus apostolique que d'étaler aux yeux du monde des divisions sans raison d'être et d'user nos forces à lutter entre catholiques.

*
* *

Autre histoire, vraie cette fois : dans certains couvents, mon livre aurait été frappé d'interdit. Pour être sincère, il eût fallu ajouter que, l'adressant à certaines supérieures de mes amies, j'ai cru bon de leur conseiller de n'en permettre la lecture qu'aux anciennes. Ce livre est écrit pour les supérieures, et non pour la jeunesse religieuse. Que le monde s'en soit emparé et ait fait autour de lui grand tapage, je le regrette ; mais que d'ouvrages écrits sur les vertus religieuses, la théologie morale, et destinés seulement aux prêtres, pourraient faire autant, pour ne pas dire plus de tapage encore ? Les supprime-t-on pour cela ? Tout le monde sait qu'il est des vérités utiles à dire et à entendre.

D'autres, aussi bien informés, annoncent que je vais créer cette chose abominable : « La Religieuse

fin de siècle » et le « Couvent fin de cloître ». La
Religieuse fin de siècle, c'est peut-être ce type nouveau de religieuses à vœux libres et sans costume,
que d'aucuns disent être les religieuses de
l'avenir, et, qu'en sa sagesse, l'Eglise a cru devoir
approuver ? Mais, où donc ai-je écrit qu'à l'Institut
Notre-Dame les vœux seraient élargis, l'esprit religieux sacrifié, le costume aboli, la messe supprimée ?

Tout mon objectif, au contraire, est de conserver
à la vie claustrale son intégralité, et de réveiller ce
courant de la pensée qui animait les monastères
antiques. J'ai cité Montalembert et les « Moines
d'Occident ». Quelle hérésie ! Sainte Gertrude aussi
devait être imbue « d'américanisme », elle « qui
savait toutes les Saintes Ecritures par cœur et les
traduisait du grec. Elle qui envoyait, au delà des
mers, chercher des maîtres Irlandais, qui ensei-
gnaient la musique, la poésie et le grec aux vierges
cloîtrées de Nivelle ? (1) » Oh ! scandale !

Quant au cloître, pourquoi en médirais-je ? Lui
que j'ai librement choisi, et qu'avec bonheur j'ai res-
saisi dans l'intervalle de mes démarches, lorsqu'un
arrêt m'a permis quelque repos.

Voici du reste en quels termes j'ai parlé de
la clôture.

---

(1) Montalembert. *Les Moines d'Occident.*
(2) *Les Religieuses Enseignantes*, p. 296-297.

« Presque tous les instituts de femmes, même ceux qui n'ont pas de grilles, sont tenus à une clôture relative. Personne ne peut sortir sans permission spéciale et sans être accompagnée ; personne aussi ne peut entrer sans permission, dans la partie de la maison, réservée aux religieuses. Nous avons vu des couvents astreints seulement à la demi-clôture et qui, sous ce rapport, ont des règles très strictes qui nous étonneraient. La question est donc de savoir, dans quelle mesure, la clôture sera appliquée chez nous. Or, elle sera observée aussi parfaitement que possible.

« Dans un avenir peut-être prochain, tout le fait prévoir, plus d'un couvent sera obligé d'apporter de grandes modifications à la vie claustrale. Nous ne voudrions pas, cependant, que 'Institut fût le premier à prendre une initiative si grosse de responsabilité. Nous savons combien la vie religieuse peut y perdre en esprit intérieur et en recueillement ; cependant, il faut tout prévoir. Savons-nous quelles seront demain les surprises de l'avenir ? Cet avenir s'annonce gros d'orages. Il faudrait, si la terrible catastrophe, prévue et annoncée, nous oblige à quitter nos chères solitudes, que toutes et chacune, nous puissions ouvrir une école secondaire et travailler encore, et travailler toujours au salut des âmes ; le costume seul serait changé (1). »

J'ai été, à plusieurs reprises, hors la clôture, il est vrai, j'y serai peut-être encore demain, si les nécessités de l'œuvre le requièrent. S'en suit-il que je veuille renverser les grilles de tous les couvents de France ? Comment pouvais-je, en mon cloître, mener une campagne nécessitant nombre de voyages et de visites ? Mes amis savent que j'eusse été heureuse de rester dans ma solitude si, plus d'un an, leurs lettres, presque quotidiennes, né m'avaient prouvé la stérilité de démarches par correspondance. Nous avons cru ma présence nécessaire sur le champ d'action, j'y suis venue ; et non sans verser bien dés larmes, j'ai quitté un monastère cher à mon cœur, et cela avec pleines, entières et régulières autorisations.

.˙.

Reposant sur une idée juste, l'œuvre semblait difficile à démolir. Il restait à écraser sa faible promotrice. Pour atteindre ce noble but, les chevaliers « fin de siècle » n'ont rien épargné. Je ne sais vraiment pas bien ce qu'est cet américanisme dont on veut me convaincre, et auquel je reviendrai plus loin, mais je crois savoir ce qu'était jadis l'esprit français, et j'ai le droit de me demander

____

(1) *Les Religieuses Enseignantes*, p. 296-297.

depuis quand, en France, on attaque une femme, une religieuse, sachant fort bien que, par la loi, ses amis les meilleurs ne peuvent la défendre ; et que la coutume, encore plus inflexible que la loi, ne lui permet pas de le faire elle-même.

Mais toutes ces batteries formidables, dressées contre moi, m'ont fait peu de mal. Faible instrument de Dieu, le vouloir divin reste mon ambition suprême. Dieu seul peut me briser : et si tel est son dessein, mon âme de chrétienne trouvera, je l'espère, la force de chanter encore un *Laudate*.

Enfin, de bons catholiques ont assuré que, religieuse cloîtrée, hors la clôture, je courais le monde en rupture de ban ; que mon désaccord avec l'autorité était formel. Mon premier voyage à Paris, effectué, assure-t-on, sans permission aucune, a même donné lieu à de grotesques fantaisies. J'ai appris là, sur mon propre compte, des faits et gestes vraiment inattendus. La chose du monde qui a le moins embarrassé ces historiographes est encore la vérité. Mais, rien n'étant simple comme la vérité, je la dirai complète, regrettant d'avoir à parler de ma modeste personne, en soi, peu intéressante. Certes ! il peut m'en coûter. Elle n'est guère de mon goût, cette vie extérieure, toute de luttes et de batailles, que les circonstances m'imposent. Jamais je n'eusse pris la plume, si une idée ne se fût incarnée en moi. Mais, à cette heure, je suis une idée ; et c'est l'idée que je défends.

.·.

J'aurais le droit de répondre simplement à mes détracteurs qu'à cet égard ils ne sont pas mes juges, que je ne relève pas d'eux, que seuls mes supérieur ont autorité pour porter un blâme sur ma conduite et juger de la régularité de ma situation. Or, aucun blâme n'étant venu ni d'Avignon, ni de Rome. Je pourrais me dispenser de répondre (1). Mais la lu-

---

(1) Il n'est peut-être pas inutile, pour mettre la question bien au clair, de reproduire en son entier un article de l'*Univers* du 25 octobre, signé Eugène Veuillot.

Nous ajouterons que, depuis le voyage de Sa Grandeur, Monseigneur l'archevêque d'Avignon, à Rome, des marques, non équivoques d'encourageante sympathie nous sont apportées, par des lettres très laudatives et très explicitement affirmitives émanant de toutes personnalités ecclésiastiques tant de la France que de Rome.

LES RELIGIEUSES ENSEIGNANTES.

L'état de la question.

Il y a une quinzaine de jours, corroborant une information du *Figaro*, nous avons dit que le Saint-Père, consulté par Mgr l'archevêque d'Avignon sur la question des religieuses enseignantes, avait dit que Mme Marie du Sacré-Cœur pouvait poursuivre en sûreté de conscience son entreprise. Des feuilles catholiques, ennemies de tout mouvement, ont contesté cette information ; nous l'avons maintenue sans entrer dans aucun débat, espérant bien que dans des conditions quelconques une voix autorisée la confirmerait.

Notre attente n'a pas été trompée. Le *Figaro*, dont la pa-

mière ne pouvant nuire à ma cause, pourquoi reculer devant l'explication ?

Au fond de mon cloître, je méditais ce problème :

———————————————————————————

role n'est pas toujours sûre, voyant qu'on doutait de ce qu'il avait affirmé, a demandé secours, par une interview, à Mgr l'archevêque d'Avignon lui-même. Le zélé prélat, qui ne craint pas la responsabilité de ses actes et de ses sympathies, a donné les explications attendues et le *Figaro* s'est empressé de les livrer au public. Il y était d'ailleurs autorisé.

Dans le désir de ne ne pas raviver une polémique, qui avait été pour le moins très vive, et aussi dans la pensée que le récit du *Figaro* pourrait soulever quelques réclamations, nous avons mis cette interview en quarantaine. Nous songions, pour garder la paix, à l'y laisser indéfiniment. Mais l'amour de la paix ne doit aller nulle part et ne peut aller chez nous jusqu'au sacrifice de la vérité. Or, si les journaux entrés brutalement en campagne contre le projet de Mme Marie du Sacré-Cœur, n'ont pas risqué de s'en prendre directement aux paroles de Mgr d'Avignon, ils ne cessent de les miner sournoisement. Et quels bruits leurs amis font courir !

Cette vilaine persistance nous commande d'intervenir encore. Nous avons dit qu'il y avait dans l'appel de la Mère Marie du Sacré-Cœur une idée à examiner de près, à creuser. Nous le maintenons en constatant de nouveau que beaucoup d'évêques sont de cet avis et que Rome ne le repousse point. A l'appui de cette affirmation nous allons donner les passages les plus importants de l'article du *Figaro*. Qu'on n'oublie point que cet article, vieux de huit ou dix jours, n'a soulevé aucune contestation autorisée :

« Le *Figaro* était parfaitement informé, me dit Mgr Sueur. Oui, j'ai tout lieu d'être satisfait. Je suis allé à Rome, non pas, comme certains adversaires ont essayé de le faire croire, parce que le Pape m'y aurait appelé, ce qui eût sem-

Comment arrêter la désertion de nos pensionnats ;
car il est — quoi qu'on en ait dit — des pensionnats
qui se dépeuplent. J'en connais un qui, de 150

---

blé impliquer de sa part une sorte de blâme, mais au contraire parce que j'éprouvais le besoin d'attirer l'attention de
Sa Sainteté sur la grave question qui me préoccupe à si
juste titre.

« Et voici quelles ont été les premières paroles de Léon
XIII : « Je veux que ces polémiques cessent. Je vais faire
« écrire dans ce sens aux évêques qui ont publié des atta-
« ques contre la Mère Marie du Sacré-Cœur et contre son
« œuvre... »

Le Pape, continue Mgr Sueur, a ajouté : « Je fais étudier
« avec le plus grand soin les difficultés pratiques que pré-
« sentent les projets pédagogiques de la Mère Marie du Sa-
« cré-Cœur. Cette école normale qu'elle veut fonder sera
« ouverte à tous les ordres enseignants de femmes. Com-
« ment des religieuses appartenant à des ordres différents
« pourront-elles vivre ensemble sans que leur vocation par-
« ticulière soit exposée à quelque péril,?

— « Très Saint-Père, je crois que les vocations seront suf-
« fisamment sauvegardées par l'exacte application des rè-
« gles générales de la vie religieuse, auxquelles la Mère
« Marie du Sacré-Cœur n'a jamais songé à soustraire les
« religieuses qui seront appelées à suivre les cours de son
« école normale. En outre, les élèves de cette école normale
« pourraient se recruter parmi les jeunes filles se destinant à
« la vie religieuse, mais n'étant pas encore entrées en reli-
« gion. »

« Donc Léon XIII est bien loin de désapprouver le principe
de l'œuvre. S'il en était autrement, comment s'arrêterait-il
aux difficultés *pratiques* qu'entraînera sa réalisation ?

« Avant ou après l'audience que m'a accordée le Saint-
Père, j'ai causé de ces choses avec plusieurs membres du
Sacré-Collège. Tous reconnaissent « qu'il y a quelque chose

élèves, est tombé à 30 ; un autre, de 200 à 80. Je méditais donc, et cette solution unique se présentait à ma pensée : donner à nos sujets — sans rien

---

à faire », et leurs réserves ne portent que sur ces difficultés pratiques qui ont frappé l'esprit de Léon XIII.

« Lisez cette lettre où le P. Eschbach exprime le sentiment commun :

« Monseigneur,

« Nous suivons, à Rome, avec un palpitant intérêt, tout ce qui se dit et se publie sur la grave question soulevée par le livre de la Mère Marie du Sacré-Cœur... Le moyen proposé pour former des maîtresses capables de soutenir la concurrence dans nos pensionnats de religieuses nous paraît excellent *in se*. Nous n'y voyons qu'une difficulté, c'est qu'à moins d'un ordre formel émané de Rome, les congrégations se refuseront à envoyer leurs sœurs dans la future école normale.

« Le Saint-Siège voudra-t-il donner un ordre dans ce sens ? Peut-être, si l'épiscopat tout entier lui en exprimait le désir. Autrement, c'est fort douteux. Nos ennemis sont devenus d'une prudence consommée pour combattre l'Eglise, et le succès va de leur côté... »

« Quoi qu'il en soit, j'ai la certitude que le livre de la Mère Marie du Sacré-Cœur ne sera pas mis à l'index et que son œuvre ne sera point condamnée.

« Et pourquoi la Congrégation de l'Index frapperait-elle ce livre. Au point de vue de la doctrine, il est inattaquable. Je l'ai fait examiner par des théologiens d'une science et d'une sagesse hautement appréciées, qui n'y ont rien trouvé dont puisse s'offenser l'orthodoxie la plus rigoureuse ».

Mgr d'Avignon relève ensuite les reproches adressés à Mme Marie du Sacré-Cœur, au sujet du tort que son livre pourrait faire aux maisons religieuses d'enseignement. Il dit que ce sont des reproches d'aveugle se refusant à reconnaître l'état présent des esprits, et ajoute :

« Mais, pour tout dire, je crains que ces aveugles-là ne

sacrifier de la vie religieuse — une préparation
professionnelle identique à la formation des professeurs de l'Etat.

***

soient des aveugles volontaires. Comment n'être pas frappé
de ce fait, que les adversaires de la Mère Marie du Sacré-
Cœur se recrutent à peu près exclusivement parmi les adversaires de la politique pontificale ?

« Et, cependant, les projets pédagogiques de cette religieuse
ne touchent en rien à la politique. Il s'agit d'élever le niveau
de l'enseignement congréganiste pour permettre à cet enseignement de lutter avec avantage contre une concurrence
de plus en plus redoutable. Il ne s'agit que de cela. En
somme, la lutte est entre les progressistes et les routinistes.

« Ce qui est curieux, c'est que les routinistes accusent la
Mère Marie d'aller chercher ses inspirations aux Etats-Unis
et de vouloir implanter en France l'américanisme.

« Lisez ce passage d'une petite brochure, extraite de la
Semaine religieuse de Blois :

« C'est là (en Amérique) que nos réformateurs de l'enseignement universitaire sont allés puiser les modèles. Cela
se comprend de la part de ces *purs* pour lesquels rien de
ce qu'a édifié la monarchie ne saurait avoir de valeur réelle.
Mais des catholiques, des prêtres, des religieux ! »

« Ces doléances trahissent, n'est-il pas vrai, la grande
préoccupation de nos adversaires, mais elles n'établissent
pas, et pour cause, le rapport qu'on prétend voir entre l'a-
méricanisme et la fondation d'une Ecole normale de religieuses.

« Il n'en est pas moins évident que l'opposition que l'on
fait d'un certain côté aux projets de la Mère Marie du Sacré-
Cœur est avant tout une opposition politique ; et c'est jus-
tement ce caractère politique qui la condamne.

« Au surplus, l'auteur de la brochure en question ne se
contente pas de nous taxer d'américanisme. Ce serait peu,

Ma supérieure, à laquelle je confiais mes réflexions, me chargea, à plusieurs reprises, de la
formation intellectuelle de la jeunesse religieuse.

---

l'américanisme étant une chose très vague, que l'Eglise n'a
d'ailleurs pas condamnée. Il parle de la « tempête partie
d'Avignon », et exprime l'espoir qu'on ne verra pas malgré
tout, « se renouveler parmi les catholiques le grand schis-
me ».

« Etre traité de schismatique parce que l'on veut fonder
une Ecole normale de religieuses ou que l'on approuve
cette fondation, je vous avouerai que cela m'a paru exces-
sif et que j'ai demandé quelques explications à Mgr La-
borde, l'attaque dont je vous parle ayant paru d'abord dans
la *Semaine religieuse* du diocèse de Blois.

« J'ai d'ailleurs reçu, de ce côté, toute satisfaction.

« Que vous dirai-je encore ? Les adversaires de la Mère
Marie du Sacré-Cœur ne reculent devant rien pour arriver
à leurs fins, et ils n'hésitent même pas à essayer de jeter
le discrédit sur cette religieuse afin de compromettre plus
sûrement son œuvre. Tout leur est bon, y compris la lettre
anonyme, cette arme des lâches. J'ai autorisé la Mère Marie
à abandonner provisoirement la clôture. On en profite pour
la suivre, pour l'espionner et pour dénaturer ses moindres
démarches. Sa situation est absolument régulière, canoni-
que. On le sait très bien. N'importe ! On exploite cette
situation de la manière la plus indigne.

« Mais je tiens à ce que l'on sache que j'apprécie ces procédés comme ils le méritent. »

Ces déclarations, non contestées du prélat qui les a faites
ni de ceux qu'elles touchent plus particulièrement, se résument ainsi :

Comme religieuse, Mme Marie du Sacré-Cœur est en
règle. C'est son Ordinaire qui le dit ; donc c'est sûr. Quant
à son livre si critiqué, il est « inattaquable » au point de
vue de la doctrine : c'est le point décisif. Quant à son pro-

Dans ce poste délicat, je compris mieux encore mon insuffisance. J'avais à former des professeurs, moi à qui un maître eût été si nécessaire.

J'appréciais aussi que, parallèlement à cette culture intellectuelle, excellente en soi, il convenait d'adjoindre une culture d'âme, une direction morale spéciale, venant équilibrer, par un contrepoids surnaturel, ce que la science profane peut avoir de dangereux. Or, cette culture d'âme, orientée dans un sens religieusement philosophique, par l'utilisation rationnelle des connaissances acquises, ne pouvait être le fait que d'une maîtresse des novices initiée aux mystères de la vie spirituelle comme aux sciences, occupations journalières de ses sujets. Tant de questions scientifiques touchent par de multiples contingences à des questions de conscience, à des questions d'âme. La religieuse, en effet, risque de perdre beaucoup en esprit surnaturel — peut-être même en esprit de foi — au contact des auteurs profanes, si nulle précaution ne prévient, ou n'arrête, les égarements possibles d'un

---

jet d'école normale, Rome permet que l'application en soit poursuivie. Et, de plus, le Pape désire que chacun laisse travailler en paix la religieuse qui, par cette œuvre, veut conserver le premier rang dans l'instruction, comme dans l'éducation, aux religieuses enseignantes.

Voilà l'état des choses. Nous, journaux catholiques, qu'avons-nous de mieux à faire maintenant qu'à laisser faire ?

EUGÈNE VEUILLOT.

esprit chercheur « que le doute a blessé » ; et je savais d'expérience, connaissant bon nombre de noviciats, que la maîtresse de mes rêves était une bien rare exception. Je craignais même que beaucoup ne fussent capables seulement de troubler, d'égarer, ou même de fermer à jamais des âmes destinées, par la richesse de leurs facultés, à de magnifiques épanouissements.

A ce sujet, la supérieure fort intelligente d'une de nos maisons de province m'écrivait : « Plusieurs fois j'ai dû refuser des jeunes filles fort distinguées, uniquement parce que, ne pouvant leur procurer la formation dont elles auraient eu besoin pour se développer, elles auraient végété et souffert » ; et elle nous félicitait d'avoir tourné, pour les couvents de province, une difficulté capitale.

En effet, je n'ignorais pas que si, dans les grandes congrégations des grandes villes, où les sujets se recrutent dans des milieux plus intellectuels, il est relativement facile de rencontrer des femmes supérieures, dans les petites congrégations ou dans les petites maisons autonomes de province, il est loin d'en être ainsi.

Les sujets arrivent généralement de la campagne, étrangers à toute culture. Pour eux, tout est neuf, et parfois tout est un danger. Dans ce cas, la formation religieuse, aussi bien que la formation scientifique et la formation pédagogique, ne sauraient être chose quelconque.

Je savais aussi — et toujours par expérience — que, dans chaque maison, à peine deux, trois sujets peuvent avantageusem nt être appliqués à de fortes études. A ces religieuses, auxquelles manquent à la fois les maîtres, les livres, et la direction, la règle manque aussi. Pour elles, des dispenses s'imposent. Généralement, du moins, elles sont largement données. Et voici un sujet menant dans sa maison une vie d'exception, transformée assez vite en une vie de souffrance.

Dans de telles maisons, tout le monde est-il bien convaincu de la nécessité de ce travail et de ces exceptions ? Je laisse aux supérieures le soin de répondre.

De déductions en déductions, mes réflexions m'avaient conduite à la certitude que l'ouverture d'une école normale supérieure, où seraient menées de front la formation pédagogique et religieuse, permettrait seule de tourner la difficulté.

Ma supérieure, au courant de mes préoccupations intimes, pas plus que moi ne se croyait appelée à travailler à l'exécution de cette grande œuvre ; lorsque, en mai 1895, alors que, devant d'invincibles difficultés, j'avais totalement abandonné ce projet, une circonstance providentielle — indépendante de ma volonté comme de celle de mes supérieurs — m'obligea, en toute hâte, à me rendre à Paris. Le voyage décidé, je fus saisie d'une impression forte comme une certitude : dans les desseins providentiels, ce voyage devait servir à l'exécution du projet qui m'occupait depuis dix ans. Je priai Dieu, je pesai mes forces, je supputai l'avenir, je prévis tout ce qui pouvait m'atteindre de souffrances, d'épreuves, de douleurs. Puis, je laissai très large la marge aux imprévus. Après un dernier moment d'effroi, je pris mon courage à deux mains, et je dis : « J'irai jusqu'au bout. Je puis tomber dans le sillon, mourir à la peine, mais l'œuvre sera ». J'offris à Dieu le total sacrifice de moi-même ; et j'allai trouver ma supérieure qui me donna la permission nécessaire. Cette permission, conditionnelle cependant, était subordonnée à un fait dont la réalisation, dépendant de Dieu seul, devait nous indiquer le vouloir divin en cette affaire.

Très largement, et d'une façon bien inattendue, la condition fut remplie.

Non seulement ma supérieure ne revint pas sur sa parole, mais elle m'aida de toute son influence à obtenir l'autorisation de mes supérieurs ecclésiastiques. Toute sa correspondance, religieusement conservée, prouve que cette sainte et vénérée Mère fut pour moi une amie autant qu'une supérieure. Ses lettres, trop intimes pour être publiées jamais, révèlent notre parfaite entente. Avertie au jour le jour de mes démarches, notre Mère partagea toutes mes souffrances ; elle intervint même plusieurs fois pour faciliter mes négociations. Mais, timide, sous sa plume, une phrase revient souvent : « Je prends mille précautions pour agir pour votre œuvre, car je ne me sens pas mission pour cela. Si la communauté prend mes intentions, ici tout le monde prie pour vous. »

Quant à Monseigneur Chardon, mon supérieur de vénérée mémoire, voici en quels termes il m'écrivait, m'expédiant mes permissions, après avoir constaté que la condition imposée était remplie :

« C'est sans doute un signe que Dieu veut vous permettre de réussir la belle œuvre que vous avez en vue.

Et plus loin :

« C'est donc bien volontiers et de tout cœur que je vous donne, pour vous et votre œuvre, la bénédiction que vous avez si vivement sollicitée. »

Cela ne ressemble guère à un désaccord hostile.

Je dois même ajouter qu'à cette époque quelques calomnies essayèrent d'influencer mes premiers protecteurs. Mon Evêque, mon supérieur, eurent l'extrême bonté d'intervenir. Leurs lettres — que mes amis connaissent — plus élogieuses que nous ne l'aurions jamais espéré, facilitèrent grandement nos démarches.

Au plus beau de la campagne, alors qu'une prolongation de séjour venait de m'être accordée, j'éprouvai le besoin de revoir mon cloître, ma cellule, ma chapelle, ma mère, mes sœurs, tout ce que j'aimais enfin. Mes amis firent de vains efforts pour me retenir ; il me sembla que j'avais fait à Paris la seule chose qu'alors il fut possible d'y faire : semer l'idée. Dieu bénit mes efforts. Cette semence germa.

Je laissai derrière moi un groupe d'amis généreux qui, de loin, me soutinrent de leurs encouragements. Ils me promirent de travailler en mon absence ; et ils tinrent parole. Lorsqu'il y a trois mois je revins à la capitale, je les trouvai prêts à m'apporter leur appui. Pour l'œuvre, ils ont bravement bataillé. Aujourd'hui, puisqu'il m'est permis de parler d'eux, je veux, à ces bons amis de la première heure, dire merci du meilleur de mon âme. Leur dévouement simple et loyal, soutenu par un esprit profondément chrétien, est de ceux qu'on ne saurait oublier.

Ce sont ces mêmes amis qui me poussèrent à prendre la plume, qui m'aidèrent de leurs conseils à vaincre cette chose indéfinissable, répugnance instinctive, amalgame de timidité et de convenance, qui incline la femme, plus encore la religieuse, à aimer et à préférer à tout, l'ombre et le silence, la paix du cloître, le calme de sa cellule.

Je cédai cependant, car si j'aimais l'ombre et le silence, par goût autant que par vocation, j'aimais aussi, et d'un plus grand amour, ces âmes d'enfants qui de si près avaient touché mon âme.

Je demandai et obtins la permission d'écrire.

C'est d'une humble cellule d'un monastère d'Auvergne, assise près d'une fenêtre s'ouvrant sur un vaste horizon de montagnes, que j'ai écrit mes deux ouvrages.

Quel esprit fut mon inspirateur ? Je ne sais, mais j'ai ardemment sollicité que ce fût l'esprit de Dieu. Rouvrant un de mes cahiers de notes intimes, résumé de mes journalières méditations, je relis une page peu faite pour la publicité, je vais cependant la transcrire ici. Les lecteurs qui savent combien ma personnalité fut attaquée, m'excuseront de révéler ainsi un peu de mon âme, cette page m'a redonné chaud au cœur. La relisant, j'ai senti que, droites ayant été mes intentions, je pouvais compter sur l'assistance divine.

Je venais de finir mon premier volume, je préparais par un travail sérieux et l'adjonction de quelques chapitres, la revision du second. Et, le matin du jour où je reprenais la plume, j'écrivais la page que, tout à l'heure, j'ai été bien heureuse de relire. Comme elle vient de retremper ma surnaturelle confiance, qu'elle donne foi à mes amis inconnus.

FÊTE DE SAINTE-AGNÈS, VIERGE MARTYRE

« Mon Dieu, à la gloire de votre nom, éternellement béni, moi votre indigne enfant, ignorant encore quel sort votre Providence réserve à mon premier ouvrage, je voudrais bâtir un monument qui fût œuvre durable, œuvre sainte. Non plus une composition rapide, destinée à jeter un coup de trompette et à disparaître, laissant une fondation en germe, et peut-être des discussions aussi vaines que stériles; mais une œuvre vivante, digne d'orienter les éducatrices et les Mères dans le travail divin de la formation des âmes. Œuvre de longue haleine, œuvre d'une vie peut-être. Laissez-moi, Maître Bien aimé, déposer à vos pieds tout ce que j'ai de bonne volonté, tout ce que vous avez mis en moi de capacité et de force, tous ce qui est digne de travailler pour vous.

« Je vous consacre tout, je vous abandonne tout, je voudrais fixer en vous tout mon être, toutes mes puissances pour qu'elles ne puissent servir qu'à vous.

« Donnez-moi, Seigneur, la force physique et la force morale nécessaire à l'accomplissement de ma tâche. Surtout, Dieu bon, Dieu juste, donnez à ma volonté cette intention simple, cette foi en vous, ce désir unique, de travailler à votre gloire qui seuls, ô mon Maitre, peuvent créer une œuvre vraie, une œuvre durable.

« Je veux, je cherche, je sollicite la vérité. Jésus, dites-moi comment il faut élever une âme. Donnez-moi de le comprendre, et de le comprendre fortement, de le dire avec énergie, et aussi, mon Dieu, avec le talent nécessaire pour être crue, et une abnégation suffisante pour faire de moi l'abstraction la plus complète.

« Oui, il y a quelque chose à faire, ce quelque chose, je l'entrevois vaguement, mais la vérité lumineuse, simple comme ce qui vient de vous, mon Dieu, doit jaillir plus vive, plus intense. Je sens qu'en moi l'œuvre n'est pas mûre, mais qu'elle mûrira, comme doit mûrir le grain de blé qu'arrose la nuée céleste, et féconde le soleil d'août. Nuée de grâce, soleil de vérité, en moi, fécondez la semence divine ; que je sois toute à Dieu pour en parler vraiment ; que je sois forte pour enseigner virilement comment on doit forger les âmes. Que vous, mon Dieu, la vérité incréée, animiez ma pensée afin que, atteignant les âmes, j'aie le bonheur de les attirer à vous, Maître, d'établir votre règne en elles, de vous les donner. C'est mon ambition : qu'en moi, Seigneur, elle soit unique ! »

« Mon Dieu, je vous invoque avec l'humilité de mon cœur et la ferveur de mon âme, éclairez-moi ! »

C'est ainsi qu'entre la prière et la réflexion le livre avançait.

Est-il exact que je fusse alors en désaccord avec ma supérieure, que cet ouvrage, composition occulte, fut lancé sans permission.

Quel homme intelligent pourrait soutenir que, religieuse-cloîtrée, j'ai pu écrire un manuscrit de cette importance, correspondre avec un imprimeur, recevoir et renvoyer des épreuves, publier enfin deux ouvrages, et rester au couvent, sans être expressément autorisée par la supérieure de la maison ? Il n'y a pas de milieu : ou une permission formelle m'avait été donnée, ou mes supérieurs devaient prononcer mon expulsion.

La vérité est que notre Mère a eu plusieurs fois mon manuscrit entre les mains, qu'elle-même a expédié et reçu tous les paquets partant pour l'imprimerie ou en revenant.

Notre Mère est restée jusqu'au bout l'amie intime, la confidente de mes pensées ; me couvrant de sa protection la plus sympathique, poussant même la bonté jusqu'à s'unir à moi, une fois encore, pour solliciter une lettre approbative des supérieurs ecclésiastiques. Cette lettre eût fait tomber, — je l'espérais du moins — certaines difficultés d'intérieur qui n'eurent, au reste, rien de l'acreté pénible que des insinuations perfides ont voulu leur prêter. Jusqu'à la dernière minute, nos rapports restèrent empreints de la plus religieuse confraternité. Je dirai même que celles de mes sœurs qui, de leur propre aveu, m'avaient donné un vote hostile, redoublèrent pour moi de délicates attentions. Le seul reproche que j'entendis, dénotait plutôt une affection sincère : « Pourquoi ne pas utiliser, chez nous, les dons que Dieu vous a donnés ? »

Mes supérieurs savent aussi, combien de fois, devant des responsabilités, qui les rendaient tants, je leur ai répété : « Si vous voulez m'arrêter, je suis prête à obéir. » Toujours la même phrase me répondait : « Nous ne croyons pas devoir vous arrêter, mais nous n'osons vous soutenir plus fermement. »

De même que j'avais la permission formelle de mettre mon livre sous presse, j'avais aussi celle de m'occuper pratiquement du lancement de l'œuvre. De mon couvent, sous le contrôle sympathique de ma supérieure, j'ai correspondu avec la plupart des membres de notre comité d'initiative. Ce fait seul indique que la liberté totale m'était laissée. Que, plus tard, l'âpreté perfide de la polémique, la pression, les insinuations de toute nature aient fait frayeur à cet entourage d'alors — de moi toujours cher et béni — c'est possible : les ennemis de l'œuvre ont été si habilement acharnés ! Mais un fait indiscutable est celui de permissions complètes, librement données, et maintenues deux ans, sans retrait ni arrêt, jusqu'à l'heure où, avec le consentement de ma supérieure, un autre ordinaire me reçut et m'octroya pleines autorisations ; mais les liens de cœur et d'âme qui m'unissent à cette maison ne seront jamais rompus.

.˙.

Cependant, il fallait que l'œuvre fût marquée à sa naissance de ce sceau divin qu'on appelle la croix. Pour des raisons très sages, que je ne me permettrai pas de discuter, sans retirer aucune des permissions antérieures, mon Evêque crut devoir me refuser la lettre approbative, tant espérée et tant désirée. Mon livre dût paraître sans elle.

C'était une lacune. Elle ne pouvait échapper au monde religieux. De ce fait, mes efforts ne seraient-ils pas stérilisés ? J'eus l'intention de me retirer, mais non d'abandonner l'œuvre. J'écrivis à Sa Grandeur, Monseigneur d'Avignon, qui, revenant de Rome, m'apportait la bénédiction du Saint-Père. Je le suppliai de susciter, pour prendre mon lieu et place, une religieuse de son diocèse qu'il pût protéger de son autorité. Des amis intervinrent ; et la maison de Cavaillon qui, spontanément venait de m'envoyer ses sympathies ardentes, m'ouvrit ses portes (1). Trois semaines après, je faisais canoni-

______

(1) Qu'il nous soit permis de publier ici la lettre que la digne et vénérée Mère supérieure de cette maison nous écrivit spontanément après la lecture de notre humble ouvrage.

Ma Révérende Mère,

Nous avons été très émues à la lecture du livre. « Les Religieuses enseignantes », et nous prions le ciel de vous bénir et de bénir largement la belle et magnifique fondation, dont vous nous parlez avec tant d'éloquence dans cet ouvrage où vous déversez, avec tant d'abondance, les trésors de votre haute et puissante intelligence ainsi que le sang de votre cœur.

Si jamais des circonstances vous amenaient de nos côtés, nous serons heureuses de causer avec vous de cette fondation qui nous tient vraiment à l'âme.

quement partie de cette sainte maison, et me trouva's ainsi sous la juridiction de Sa Grandeur, Monseigneur l'Archevêque d'Avignon, dont la protection puissante, m'était formellement acquise. Tout se fit suivant les lois canoniques ordinaires. Nos supérieurs correspondirent ; et tous savent que la nécessité d'avoir pour l'œuvre une protection absolue, que mon Evêque ne pouvait me donner fut l'unique raison de cette mutation.

Voilà tout le mystère autour duquel on a mené si grand tapage.

Les exeats de ce genre étant encore nombreux dans notre Ordre, et la cause de celui-ci très simple, avouons qu'il faut avoir quelque bonne volonté, pour y trouver matière à calomnie.

∴

On a fait aussi grand bruit autour du nom des deux prêtres qui m'ont donné, l'un une préface, l'autre un avant propos. Certains m'ont jugée naïve, d'aucuns révolutionnaire, pour ne pas dire hérétique. Ni la naïveté, ni la politique, ne sont

---

Nous sommes fort petites, mais notre cœur est grand et plein de profonde reconnaissance et de pieuse affection pour vous, ma très chère sœur, avec laquelle je demeure unie à jamais.

C. F.
Supérieure Fille de Notre Dame

pour rien en cette affaire. La Providence seule
décida.

Et malgré tous les reproches qui m'ont été faits,
je garde un souvenir de religieuse reconnaissance
à ces amis de la première heure. Ils ont accueilli
mon œuvre, non comme un corollaire des opinions
personnelles qu'ils peuvent avoir en matières théo-
logiques ou sociales, sur lesquelles l'Eglise permet
la discussion, mais, tout simplement, comme une
entreprise supérieure à toutes les divergences et à
toutes les particularités d'opinions, et destinée à
faire le bien des âmes. Et cette explication une fois
donnée, je me demande comment on peut me faire
un grief de compter parmi les ecclésiastiques qui
me soutiennent, un orateur que les chaires des plus
grandes villes de France se disputent, et un publis-
ciste qui, il y a quelques temps, attaqué par une
presse calomniatrice, recevait de son Ordinaire, le
Cardinal ar. hevêque de Bordeaux, un de ces témoignages publics, formels et flatteurs, qui comptent
dans la vie d'un prêtre.

Bien des portes auxquelles j'ai frappé ne se sont
pas ouvertes, qu'il me soit permis de franchir
encore le seuil de celles qui furent hospitalières ;
elles sont nombreuses, Dieu merci.

Il me souvient, à ce sujet que, quêtant des adhé-
sions, j'obtins d'un homme, au reste fort distingué,
et que l'œuvre intéressait vivement, l'aveu que ma
feuille portait des noms près desquels il ne pouvait

inscrire le sien « que n'êtes vous venue à nous d'abord, me disait-il ». Il oubliait que « d'abord », il n'avait point répondu à mes ouvertures ; et il ignorait que ces mêmes hommes qu'il repoussait, venaient de m'engager à aller à lui, me vantant sa largeur d'esprit et son grand cœur. Tant et si bien, que la diversité d'opinion ne me paraissait plus un obstacle à l'entente : Ils sont si nombreux les terrains neutres sur lesquels d'honnêtes gens peuvent se rencontrer. Je quittai cet intransigeant, avec tristesse, mais je n'en continuai pas moins ma série de démarches et de visites, avec plein succès, du reste. Mon appel au monde catholique prouve, par la diversité des signatures dont il est revêtu, que notre œuvre n'est pas du domaine de la politique.

∴

Il paraîtrait encore que tous les couvents de France se refuseraient à entrer dans le mouvement. C'est faux. A l'appui, je pourrais citer nombre de lettres, très approbatives, de supérieures générales et de supérieures de maisons autonomes, trop probantes pour qu'il me soit permis de douter du succès. Ces lettres sont presque toutes confidentielles, la délicatesse ne nous permet donc pas de les transcrire en entier ; j'en extrais cependant quelques passages.

« Votre livre m'éclaire de manière à me faire prendre des résolutions sérieuses et durables pour la réforme de notre enseignement ».

Supérieure d'une maison autonome.

« Je fais les vœux les plus sincères et les plus ardents pour le succès de votre grande entreprise, vous promettant, dans la mesure de mes faibles moyens, le concours dévoué de mes prières et de ma petite influence. C'est avec une grande joie que j'apprends chaque jour les conquêtes que vous faites dans tous les rangs de la société parmi les laïques, aussi bien que parmi les prêtres et les religieux. Puisse votre fondation avancer rapidement et nous permettre de vous confier la haute formation intellectuelle et pédagogique de quelques religieuses de notre contrée. »

Aumônier de Communauté.

« En principe, j'approuve beaucoup vos idées sur la nécessaire progression des études dans les maisons religieuses enseignantes, et sur le plan que vous formez pour les réaliser. L'œuvre projetée me semble remédier à un danger réel, et appelée à faire un vrai bien.

« Depuis bien des années, nous étions préoccupées, nous-mêmes, de la situation des Congrégations enseignantes, et toujours nous avons pris pour devise : « Faire mieux que les maisons laïques. »

« Seulement, quels que fussent les efforts, comme vous le faites remarquer, la question des diplômes ne pouvait être résolue.

« Vous voyez donc, ma Révérende Mère, que nous sommes en complète union avec vous, etc., etc.

Supérieure Générale.

« La supérieure du couvent de Notre-Dame de X envoie ses félicitations à la Révérende Mère Marie du Sacré-

Cœur, la remerciant de sa généreuse initiative, souhaite ardemment que le plan si bien conçu reçoive une prompte exécution. Elle adresse à Mère Marie du Sacré-Cœur en son nom et en celui de sa communauté une petite aumône pour son œuvre. »

« Ma bonne Mère,

« Au mois d'avril, je recevais la brochure « Les Religieuses enseignantes », et, à quelques jours de là, votre circulaire, qui me révélait l'auteur de cet ouvrage et votre but, ma bonne Mère, puisque c'est vous qui êtes l'auteur.

« J'ai souvent depuis prié le Seigneur de bénir vos desseins dans une entreprise si opportune à cette heure, et j'ai la confiance que si elle doit, comme je l'espère, tourner à sa gloire, il la fécondera et la fera parvenir à bonne fin.

« Les obstacles et les difficultés ne manquent pas, vous avez dû déjà l'expérimenter, ma Bonne Mère, mais encore une fois, si Dieu est avec vous, vous triompherez de tout et de tous.

« Vous proposiez, dans votre circulaire, de vous rendre dans les communautés qui le désireraient. Je viens vous assurer que vous trouverez chez nous le plus religieux et le plus cordial accueil. Si vous étiez libre dans la première quinzaine de septembre, cette date nous conviendrait aussi.

« Je crois que plusieurs de vos communautés souhaitent votre visite.

« En attendant votre réponse que je désire bien affirmative et le plaisir de vous recevoir, ma Bonne mère, o vous prie de croire à ma religieuse sympathie en N.-S. »

Supérieure d'un couvent de Notre-Dame.

« Ma Révérende Mère,

« Je vous remercie de la brochure que vous m'avez fait l'honneur de m'adresser. Nous l'avons lue avec intérêt, et nous ne pouvons qu'applaudir à votre zèle tout apostolique pour donner à l'enseignement chrétien une plus grande extension et lui assurer de nouveaux succès par la formation d'une école normale pour les Religieuses enseignantes, etc., etc. »

Supérieure générale

« Ma Révérende Mère,

« Je reste saisie de la justesse et de la force de vos appréciations ; c'est bien vrai que dans les esprits inoccupés mille riens prennent des proportions phénoménales, et que l'esprit studieux est plus large et voit tout de plus haut, ce qui est une vraie source de bonheur qui n'est pas à dédaigner dans une communauté religieuse. C'est vrai encore que l'esprit habituellement occupé de pensées élevées, d'idées générales et fortes, donne au caractère un cachet plus viril et le rend apte à de plus grandes choses.

Notre éducation religieuse et intellectuelle est banale pour certaines intelligences supérieures ; et j'ai refusé certains sujets supérieurement doués, parce qu'ils me faisaient peur dans nos milieux qui n'étaient pas de force à les alimenter et où ils auraient fini par végéter dans l'ennui et le dégoût. Et le moyen de s'instruire dans nos petites localités absolument dénuées de ressources intellectuelles.

Cette lacune m'a souvent fait soupirer tristement. En principe, quoique mon vote soit très modeste, nonvel.

lement j'approuve, mais je bénis votre heureuse pensée etc., etc. »

Supérieure des religieuses de Notre Dame

« Je prends le plus vif intérêt au projet de la Révérende Mère Marie du Sacré-Cœur ; son idée me parait excellente et appelée à combler bien des lacunes, etc., etc. »

Supérieure générale.

« Ma Révérende Mère,

« Je regrette d'être restée si longtemps à vous parler de votre bon envoi, j'étais trop occupée pour lire attentivement votre brochure. J'ai voulu qu'une de mes filles connaissant bien la langue française, s'en chargeât à ma place, et le fit avec soin. C'est donc sur son avis que je viens aujourd'hui vous entretenir du projet de l'Ecole Normale Religieuse

« Votre ouvrage révèle beaucoup d'érudition et de talent, un grand cœur et une âme d'apôtre. Tout le bien n'émanant que de Dieu, à Lui soit la gloire et la reconnaissance.

« Je ne saurais que vous louer, ma Bonne Mère, de votre heureuse pensée, et j'en désire la réalisation prochaine. Je ne doute point que vous rencontriez des partis pris ; beaucoup ne vous comprendront pas. Néanmoins ayez du courage, si l'œuvre plaît à Dieu, Lui-même sera le moteur des cœurs.

« Vous devez avoir appris la triste situation de notre malheureux pays. L'Espagne soutient deux terribles guerres, toute la péninsule en est accablée. Plus que d'autres, la province de Tanagorie souffre de cet état de choses.

« Nous-mêmes en ressentons le contre-coup, ce qui m'empêche de vous venir en aide. Je le regrette du fond du cœur ; mais puisque c'est le Bon Maître qui nous a mises dans le creuset de l'épreuve qu'il en soit béni.

« Veuillez, etc.

Isabel Bové Rsa hija de N. D. (1)

J. B. Rde supérieure,

Couvent de Notre-Dame.

Cette Bonne Mère a bien voulu nous permettre de nous servir de sa signature. Quelques supérieures de France nous ont donné la même autorisation. Pour leur éviter des ennuis, et peut-être une pression, qui a été exercée même sur Nosseigneurs les Évêques adhérants, je ne profiterai pas de la permission.

Mes détracteurs, par une confusion habile, ont voulu détruire mes affirmations en m'opposant les statistiques de l'enseignement primaire des filles et de l'enseignement secondaire des garçons, alors que je traitais de l'enseignement secondaire des filles. Or, cet enseignement est bien réellement en baisse, non seulement par le fait de la concurrence des lycées, mais grâce aussi à la fondation d'un grand nombre

(1) Si l'authenticité des lettres que nous citons était discutée, nous pourrions montrer les originaux qui, du reste, ont été vus par les autorités ecclésiastiques, nos supérieurs.

de maisons séculières libres dont les professeurs, sortis des maisons de l'Etat, ont une formation pédagogique supérieure.

Que l'on me permette ici de citer une statistique de « L'Univers » que plusieurs journaux catholiques ont reproduite (1).

On s'est demandé récemment s'il était vrai que le nombre des élèves des lycées et collèges de jeunes filles fût en progrès tandis que diminuerait le nombre des élèves des pensionnats religieux.

Il n'existe pas de statistique pour cette dernière catégorie d'élèves.

Le ministre de l'instruction publique n'a non plus publié aucune statistique officielle des établissements de l'Etat depuis 1889 et il réserve jalousement ses renseignements inédits aux rapporteurs du budget.

Mais en fouillant les rapports annuels nous avons trouvé les chiffres suivants qui fournissent des éléments importants de la solution cherchée.

Les lycées et collèges de jeunes filles ont été fondés en 1884 par la loi Camille Sée, de 1881. En même temps, se réorganisaient les cours d'enseignement secon-

---

(1) Cette question a été traitée avec une rare maîtrise par M. Fonsegrive dans sa brochure « *L'Enseignement féminin* », répandue à profusion par ordre de Monseigneur l'Archevêque d'Avignon. Le lecteur qui voudrait s'éclairer, trouverait dans cette brochure une réponse claire, précise et modérée aux objections lancées contre notre œuvre. Cette étude, avec celle si savamment exposée de M. l'abbé Pautonnier, parue dans la « *Revue du Clergé Français* », démolit totalement le terrain de la résistance.

daire de jeunes filles, professés par des professeurs des lycées et collèges des garçons appartenant à l'Université.

En 1888 il y avait 23 lycées avec 3,248 élèves.

—	25 collèges	2,698
En 1890	24 lycées	3,864
—	26 collèges	2,987

En 1892 la population totale des lycées, collèges et cours secondaires de jeunes filles était de :

	12,744 élèves
En 1893	13,514
1894	14,140
1895	15,436
1896	15,709

Nous laissons aux lecteurs le soin de conclure.

.•.

On nous accuse encore d'avoir exagéré l'infériorité pédagogique des couvents. Qu'on nous permette de rappeler ici la lettre si belle et si hautement approbative de Monseigneur l'Evêque du Puy.

.•.

Je serais atteinte, paraît-il encore, de la monomanie des brevets. Il me souvient cependant d'en avoir largement médit. Mais, ne confondons pas. Le brevet est stupide, parce que, tel qu'il est, il ne prouve pas grand chose ; que sa préparation arrête souvent, en nos élèves, la véritable formation intellectuelle, à laquelle nous substituons parfois, avec

« d'assommants manuels et de stupides programmes », un surchauffage dont le fatal résultat est l'anémie et physique et morale.

Mais, si je repousse le brevet pour nos filles, j'estime sa préparation utile aux maîtresses. Qui veut être loyal, se souviendra de l'insuffisance manifeste de certains couvents de province, alors que les brevets n'étaient pas encore obligatoires. Les examens ont du bon. en tant qu'ils contraignent les professeurs à un travail intellectuel auquel, sans cette nécessité, ils resteraient étrangers. C'est pour être convaincu de ce fait que Monseigneur l'Evêque de Bruges impose aux religieuses enseignantes de son diocèse une série d'examens très supérieurs à ceux imposés par l'Etat. On ne peut admettre que la vocation religieuse, quelque dévouement qu'elle inspire, puisse suppléer à la formation pédagogique. Les grades dont sont pourvus les professeurs de l'Etat, la concurrence qui en résulte, le salut des âmes d'enfants, enjeu de la bataille, nous imposent d'incontestables et nouveaux devoirs.

On m'accuse aussi d'avoir fait le panégyrique de l'Université.

Oui, j'ai constaté l'intelligente formation de ses professeurs (en tant que cette formation constitue une concurrence fâcheuse). J'ai dit qu'elle est un malheur ; et je conclus que, cette intelligence, nous devons l'apporter à la préparation de nos professeurs ; parce que, représentants de l'Eglise, « nous

n'avons pas le droit d'être des médiocrités », et que
nous avons le devoir de nous imposer par une supériorité incontestable.

Mais j'ai écrit :

« La société restera chrétienne si l'éducation
reste aux maîtres chrétiens, si l'Eglise garde
l'enfant. Sinon, l'irréligion et, conséquence fa-
tale, l'immoralité, le mal, comme un flot mon-
tant, submergeront notre société. Quel ravage
la laïcisation n'a-t-elle pas déjà fait dans les
classes populaires ? On parcourt avec effroi
les statistiques de la criminalité infantile et on
constate la progressante et lamentable multipli-
cité des sources pestilentielles. L'épidémie se
propage toujours, l'épidémie du crime, s'atta-
chant à l'âme de l'enfant. Les chiffres parlent
haut : sur cent enfants criminels, deux seulement sortent d'établissements religieux.

« Citons un fait :

« Pour de graves raisons, une sage supérieure
crut bon de conseiller à une jeune fille d'aller
préparer son brevet dans une école laïque.
Après succès, l'enfant revenait dire à sa bonne
Mère : — « Vous avez cru bien faire en me donnant ce conseil, le bon Dieu m'a gardée, mais
ne le donnez plus à personne. Vous ne savez
pas combien la vertu, les âmes, sont exposées
là-bas. Les conversations, les livres qui courent,

les idées, tout, jusqu'à l'air qu'on respire, semble mauvais. » — Si c'est dans un tel air que doivent se développer les âmes, les intelligences, les cœurs de la génération future, nous pouvons trembler ; qui, sur la terre, représentera la piété, l'innocence, la vertu ?...

« Comme le corps, l'âme respire ; comme lui, plus que lui, hélas ! elle subit des influences et emporte dans les replis cachés de son organisme moral, (comme sont emportés dans les profondeurs de l'être physique), les germes qui n'attendent pour éclore que l'heure propice. Mais alors, qui pourra arrêter le feu des passions dans ces âmes chez qui le sens religieux a été étouffé, extirpé, parfois, comme le plus pervers des instincts ; dans ces âmes anémiées que la fortifiante et fécondante irradiation d'un monde supérieur n'a jamais illuminées ; dans ces âmes que la pensée de Dieu n'a jamais réchauffées, que la foi, la douce espérances, ces puissants antidotes de la concupiscence, n'ont jamais fertilisées ? Quelles vertus résistantes pourraient y germer ? Il ne reste que la bête, l'être animal qui veut jouir et qui, pour jouir, supprime les obstacles. On appelle cette logique un crime. Si Dieu n'est pas, le gendarme est bien faible ; plus faible encore, le naturalisme qui essaie de moraliser. Seule, la pensée de Dieu est sanctifiante ; seule, l'éternité peut payer les sacrifices de la vertu. Telles ne sont pas les pensées dont est saturé, hélas ! l'air des écoles sans Dieu.

« Il y a un déterminisme plus puissant que l'atavisme, c'est l'action du milieu, l'exemple. La fatalité, l'homme peut la créer, et il la crée par le plus suggestif des entraînements, par l'influence de l'atmosphère ambiante sur le cerveau, malléable encore, d'un être jeune et perfectible en tous sens, au moment où il emprunte à son entourage les idées, les formes, les moteurs de son progressif développement. « L'homme, a-t-on dit, est ce qu'il mange. » Non, il est ce qu'il voit. Ce qui fait l'homme, c'est l'éducation, et l'éducation est une œuvre collective ; la société y concourt plus que le maître, presque autant que la mère.

« L'éducation, a-t-on ajouté encore, est une suite de suggestions. Quelle suggestion plus forte que l'exemple de tous les jours, l'exemple mille fois répété ? L'exemple, ce prédicateur suprême, frappe l'enfant mieux que la leçon, et détermine son avenir. Or, malgré les contradictions, on nous permettra de le dire : c'est chez nous que l'enfant, lorsqu'il est exilé du foyer paternel, trouve l'exemple le mieux fait pour former sa jeune âme à la vertu et l'habituer à suivre les austères leçons du devoir.

« Que de choses ont été écrites sur la vie

heureuse et calme des couvents. Ce n'est pas le lieu de les rééditer ; disons seulement que l'air du couvent est bon pour l'enfant. Après l'air de la famille, c'est le meilleur qu'il puisse respirer. Mais l'enfant nous échappe ou peut nous échapper demain ; car, grâce à ses créations récentes, grâce à la supériorité de ses méthodes et de ses professeurs, l'Etat arrive à monopoliser l'enseignement. Notre œuvre n'a qu'un but : garder les enfants chez nous afin de les garder à Dieu. »

.·.

Il fallait cependant m'asséner le coup de grâce. « *La Vérité* » s'en chargea. Et je fus accusée de cette chose indéfinie — parce que indéfinissable — qui a nom : « américanisme ». Je voulus m'instruire, et je frappai à quelques portes, demandant, de ci de là, ce que pouvait bien être cette monstrueuse et mystérieuse hérésie, dont je suis coupable « sans le savoir », et j'acquis la conviction que l'ignorance en ce point est bien profonde : personne ne put me renseigner. Ce qui est certain, c'est que, écrivant mon premier et mon second volume, j'ignorais qu'il existât en Amérique un père Hecker, fondateur des Paulistes, un père Eliott, son historien, un abbé Maignen, et, enfin, toute une controverse sur ce point dont la première notion m'était étrangère.

Je sais bien que la logique de mes détracteurs me répondra, « si ce n'est toi, c'est donc ton frère ». Si j'affirme n'en point avoir, ils trouveront dans la genèse de mes pensées l'influence d'un Américan convaincu. Et si je déclare encore que ma pensée n'a pris conseil que de ma pensée, ils crieront à l'individualisme, fils légitime d'un protestantisme latent.

Mais laissons les aveugles et les sourds volontaires.

Aux gens de bonne foi, je dirai : j'ai prié, j'ai consulté les autorités susceptibles de me répondre, et j'ai marché droit mon chemin.

J'ai sur l'éducation des idées arrêtées, après bien des études et des évolutions nécessaires, elles se sont définitivement fixées en moi, à un âge où on a le droit d'avoir des idées personnelles. Ces idées sont discutables ; comme la discussion loyale est le chemin le meilleur, et le plus court aboutissant à la vérité, je la souhaite.

Je crois l'éducation une puissance presque créatrice. L'éducation actuelle au couvent ne donnant pas le type de la femme chrétienne, telle qu'il la faudrait à notre société, avouons que l'éducation n'est pas au point. Ce point, cherchons-le de concert, au lieu de nous jeter des injures à la tête. Ce sera plus intelligent, plus loyal, plus chrétien.

D'aucuns nous déclarent féministe. Nous ne pouvions échapper à cette accusation là. Nous avons voulu étudier la question, — beaucoup moins mystérieuse que celle de l'américanisme — car nous aurions pu encore être féministe sans le savoir. De notre étude il résulte que nous ne sommes féministe à aucun degré. Mais nous avons des opinions sur le féminisme ; et si l'on veut notre profession de foi, comme nous la croyons orthodoxe, la voici :

A notre point de vue le féminisme est une question théologique autant qu'une question sociale. Si tout le monde a droit d'agiter l'idée, de lui chercher des solutions possibles, l'Eglise seule à autorité pour juger en dernier ressort ; elle se prononcera sans doute lorsque les prétentions éxagérées d'une part, les partis pris traditionnels de l'autre, auront, en de longs débats, suffisamment éclairé l'opinion ; et que des essais malheureux auront assagi les exaltés et inquiété la conscience des traditionnalistes.

Le féminisme, en tant qu'il s'érige en protecteur de la chasteté, soit dans le célibat, soit dans le mariage ; en tant qu'il réclame, pour la Mère, et un droit de surveillance sur le patrimoine familial, et voix délibérative, et compétence éclairée en matière d'éducation et direction de l'enfant; en tant qu'il requiert pour toute femme, le droit de pratiquer fidèlement la loi morale et religieuse, la connaissance complète de ses devoirs et de ses droits familiaux, — une conscience n'est pas libre qui n'est pas éclairée — et la totale responsabilité de ses actes — un être n'étant pas logiquement responsable lorsqu'il ne sait pas — le féminisme ainsi compris, semblant s'adapter à la mission providentielle de la femme, n'a rien qui choque le bon sens.

Mais s'il prêche l'émancipation proprement dite, s'il revendique la représentation nationale, l'élaboration des lois, l'occupation des carrières jusqu'alors occupées par l'homme, nous le repoussons *a priori* comme anti-providentiel ; car, pour exercer avec compétence ces fonctions, ces emplois, ces charges, une préparation scientifique et professionnelle est indispensable. Or si ces travaux ne sont point, comme d'aucuns l'affirment, au-dessus de l'intelligence de la femme, ils sont au moins à côté de ses aptitudes, et ne peuvent que l'arracher nécessairement à ses vraies fonctions d'épouse et de mère.

Et si l'on nous objecte que le nombre grandit des femmes qui, n'ayant nulle vocation religieuse, sont cependant destinées au célibat, c'est-à-dire, à une vie sans but, entièrement décolorée, et souvent sans ressources, nous répondrons : déplorons le fait comme une plaie sociale — c'est là que sont les déclassées, et les proies du mal. — Mais, répétons-le encore cependant, nous n'oserions trouver mauvais qu'une femme, destinée au célibat, occupât sa vie à faire de la médecine, du télégraphe, ou de l'industrie. Il vaut certes mieux qu'elle fasse cela que de ne rien faire. Mais, constatons que, même en ce cas, dans le vaste mécanisme social, elle est encore une roue qui n'est pas à sa place, car la femme est créée pour la famille, les œuvres d'éducation ou de charité.

Vraiment, on a dépensé pour me barrer la route, plus d'efforts, plus de peines, qu'il n'en aurait fallu pour provoquer le succès.

Ainsi, contre cette œuvre de lutte, on a versé plus d'encre qu'il n'en fut jamais répandue à la charge des écoles supérieures de l'Etat.

Somme toute, que l'Etat crée plus ou moins de concurrence à l'enseignement religieux, là n'est pas la question. Le danger, c'est d'essayer de lui tenir tête carrément, d'arrêter ses envahissements, non par des cris qui ne le gênent en rien, mais par des actes qui prouvent notre vitalité.

Voilà l'impression que laissent certains critiques.

J'ai cherché à remonter le courant, j'ai loyalement voulu donner aux maisons religieuses cette primordiale influence « qui leur est due comme représentant de l'Eglise » et que devait leur assurer leur mission éducative, et leurs rapports obligés avec le monde. Si, pour être mieux entendue, j'ai frappé trop fort, qu'ils me pardonnent ceux qu'imprudemment — ce ne peut être qu'imprudemment — ma brutale franchise a blessés. J'ai voulu convaincre, j'ai cru avoir trouvé. J'ai dit : cherchez à votre tour ; trouvez mieux, et dites aussi.

J'ai voulu rendre aux monastères leur influence antique et l'on m'accuse de vouloir les « corrompre » ? Qu'ils me lisent donc ceux qui, trompés par des calomnies odieuses, m'ont jeté l'anathème sur la foi d'un voisin plus ou moins égaré lui-même, et ils verront des pages comme celle que je vais citer en entier.

« Pour savoir ce qu'est notre influence, jetons un regard sur le monde actuel.

« Voici donc une société qui, pendant plusieurs siècles a été entièrement élevée par des prêtres des religieux, des religieuses; et cette société est arrivée à un effrayant degré d'indifférence pour tout ce qui touche aux choses de Dieu, aux choses de l'âme. Dans cette société que le sens pratique et le lucre absorbent au point de faire de chaque individu, non plus « un animal religieux », mais un animal spéculateur la matière a tué l'idéal, le corps domine l'âme, le veau d'or a supplanté Dieu.

« Nos temples sont vides et les hommes que l'eau sainte du baptême a régénérés ont porté sur le Christ une main sacrilège. Ils l'ont expulsé de l'édifice public, de leurs assemblées, de leurs écoles, même de la famille et de l'âme de l'enfant. Le souvenir de la vierge chrétienne qui, jadis, leur apprit à bégayer le nom de Dieu, n'a pas arrêté leur vandalisme légal. Et, sur cette société, dont nous avons élevé les filles, les épouses, les mères, nous ne pesons pas plus que si nous n'existions pas. Notre monde va, se déchristianisant toujours, vers des abîmes inconnus qui, fatalement, appelleront la divine justice, comme le mal appelle le châtiment, comme les arbres attirent la foudre ; et dans l'âme de cette société, nos enseignements paraissent n'avoir laissé guère plus de trace que le nuage qui fuit n'en laisse au firmament.

« Nous n'arrêtons rien, nous ne guérissons rien. Et cependant, nous avons à former dans l'âme de la femme, l'âme de la nation. La femme, fille, épouse et mère a, dans ses mains, une puissance assez grande pour peser de toute la force d'une volonté souveraine sur les destinées d'un pays (1). »

Eh bien ! oui, j'ai gémi sur ces âmes d'enfants si belles, si pures, si attachantes qui se perdent loin de nous. J'ai souffert de constater le peu de résultat de notre éducation ; j'ai évoqué l'antique influence de l'Eglise sur l'intelligence humaine ; j'ai rappelé que « c'est sur les genoux de l'Eglise que notre vieille Europe a appris à lire ; que les monastères créèrent notre langue, notre littérature, notre histoire. Alors, l'Eglise était la voie de tout progrès civilisateur dans l'ordre artistique, dans l'ordre littéraire, comme dans l'ordre économique (2) ». J'ai voulu faire revi-

____

(1) *Les Religieuses Enseignantes*, p. 160.
(2) *Les Religieuses Enseignantes*, p. 171.

vre ces âges de foi, cette hégémonie intellectuelle,
apanage des monastères, au temps où le monde re-
gardait l'Eglise comme la Mère de tout progrès.
Si c'est un mal, je m'en accuse coupable.

Ce livre, où j'ai mis tout mon cœur, a été cependant qualifié de pamphlet. Il peut se résumer dans
ce passage que je cite :

« Nous savons la puissance des liens qui, lors
même que les rapports sont rompus, attachent,
parfois pour jamais, une jeune fille à son couvent. C'est le souvenir, cher entre tous, vivant
toujours, que n'emportent « ni les grands vents
de l'équinoxe, ni la fumée de la vie (1) ». La
pensée qui aime à se *revivre*, éternisant nos
douleurs et nos joies, se porte avec attendrisse-
ment vers les années où nous avons été bons et
purs. C'est le meilleur reflet de nous-même,
qu'à travers les âges nous contemplons. « Mon
couvent ! » exclamation tendre et pieuse qu'il
nous arrive de recueillir sur des lèvres octo-
génaires et qui, par son émouvante expression,
évoque tout un monde de souvenirs chers et
bénis, de visions charmantes que « nul remords
n'accompagne ».

« Plus les années s'écoulent, plus l'entraîne-
ment mondain « l'âge de feu » vont s'affai-

---

(1) Lamartine.

blissant, plus ce mirage du passé devient lumi-
neux et impressionnant pour l'esprit, fécond et
sanctifiant pour l'âme. Nous le gardons, jalousement enveloppé dans les plis immaculés du
voile virginal qui ombra ca notre front d'ado-
lescentes. C'est l'époque à jamais sacrée où
reste gravé tout ce que la vie a de plus pur,
de plus pieux, de plus saint, de plus simplement
joyeux. C'est l'époque bénie des naïves can-
deurs, des affections saintes et calmes qui,
semblables aux lacs tranquilles des hauteurs,
reflètent l'azur du ciel des montagnes. C'est
l'époque de « l'illusion féconde », mais toujours
innocente, car la Vierge, dont l'image bénie
plane sur la demeure, embaume les cœurs et
les pensées du parfum de ses lys. C'est l'époque,
trois fois heureuse, où la jeune fille goûte vraiment Dieu dans la prière, comme seuls le goûtent
les cœurs purs ; jamais, peut-être, dans la vie
qui s'ouvre devant elle, elle ne se sentira si
près de Dieu.

« Soutenir que l'école laïque, qu'on l'appelle
collège ou lycée, va laisser dans l'âme de la
jeune fille d'aussi vivifiantes semences de vertu,
de joie, de pureté, serait peut-être dire une
sottise que personne ne croirait ; mais il est
permis de regretter qu'à ce souvenir si fort et
qui garde le cœur, ne vienne pas toujours
s'ajouter la lumière qui subjugue l'intelligence,

la conviction rationnelle qui deviendrait, en dépit de toutes les nouveautés, un phare placé trop haut pour être jamais atteint, un principe directif, pour la vie entière. Alors, on ne verrait plus, anomalies étranges, des femmes de trente ans gardant pour leur couvent une tendresse pleine d'enthousiaste reconnaissance, et oubliant d'être chrétiennes, parce que, battue en brèche par tant d'influences meurtrières, notre influence n'est plus que le mythe plein de poésie de leur adolescence. Elles nous aiment, nous estiment, nous vénèrent encore, mais ne croient plus en nous.

« Alors, que reste-t-il de notre ascendant ?

« Quand une enfant a reçu nos leçons, il faudrait qu'il existât, entre elle et nous, des liens très forts, allant, sans doute, de notre cœur à son cœur, mais aussi, de notre intelligence à son intelligence ; il faudrait que nos relations fréquentes eussent une action déterminante sur la direction de sa vie : ainsi la mère envoyant son fils en pays étranger, s'inquiète, tâche de savoir ce qui se passe « *là-bas* », pour conseiller, suivre, prévenir et sauver au besoin (1) ».

---

(1) *Les Religieuses Enseignantes*, p. 103-164-165.

Autre objection : « Les religieuses de divers ordres, de divers costumes, astreintes à des règles différentes, ne pourront jamais vivre dans la même maison ».

J'avais affirmé cependant qu'un précédent existait. Et j'ai parlé de l'école normale primaire belge de Bruges, où 125 religieuses de tous costumes, vivent en harmonie parfaite. Qu'on me permette de citer à l'appui de ma thèse la lettre si affirmative que M. l'abbé Temmerman (Directeur de l'Institut du Sacré-Cœur, et de l'Immaculée conception de Louvain) écrivait à M. l'abbé Pautonnier. Cette lettre prouve que l'Ecole de Saint-André n'est pas la seule école normale belge qui reçoive des élèves religieuses (1).

---

(1) J'ai pu prendre aussi des notes précieuses sur une fondation similaire en Angleterre, qui date de deux ans, et qui donne déjà des résultats magnifiques.

Sous les auspices du cardinal Vaughan, archevêque de Westminster, les sœurs de l'Enfance de Jésus ont ouvert à Londres un « Collège » pour les religieuses qui désirent se former pour l'enseignement secondaire

Les cours comprennent deux années d'études, la première est consacrée à la théorie de la pédagogie ; la seconde aux leçons pratiques.

Pour y être admise comme étudiante, il faut avoir passé un examen supérieur tel que « *Matriculation* »,

Héverlé, 16 août 1898.

Très honoré monsieur,

Votre article sur « l'éducation des filles et la formation des religieuses enseignantes » paru dans la *Revue du clergé* me tombe d'occasion sous les yeux.

Permettez-moi de vous exprimer en toute franchise

« Cambridge Highler Local », « Oxford Highir Women », etc. D'autre part, un professeur distingué de la Faculté catholique de Lille — qui nous en voudrait peut être de citer son nom — nous écrit d'Angleterre les renseignements suivants :

« Il existe à Londres (11, Cavendish square) une école d'enseignement supérieur pour les femmes Ce sont les religieuses du Saint Enfant Jésus qui la dirigent avec le concours d'un certain nombre de laïques, hommes et femmes. Elle est placée sous le patronage du cardinal Vaughan et d'un Comité où figurent le duc de Norfolk, la marquise de Ripon, etc., etc. Des religieuses anglaises suivent ces cours et prennent des grades Universitaires à Cambridge. »

Et nous engageant à visiter aussi cette école, le savant professeur ajoutait :

« (En vous adressant à la Supérieure de Cavendish square, vous auriez tous les documents que vous désirez.) Il serait intéressant de montrer que Londres est doté comme Bruges d'un établissement pareil à celui que vous songez à fonder chez nous. Au reste, Cambridge n'est pas la seule Université qui confère des grades à des Religieuses. J'ai vu à Greenwich, chez les Ursulines, Mère Saint-Augustin, qui est licenciée ès-arts de l'Université deSaint-André, à Edimbourg. L'on n'a pas peur en Angleterre d'entrer dans le mouvement. Le fait est à retenir. »

mes sentiments ; la cause que vous y défendez avec un si grand bon sens, ne peut qu'y gagner. Je vous donne tout droit de rendre ma lettre publique.

Ces sentiments se résument dans le plus profond étonnement de voir que les congrégations enseignantes de France puissent encore hésiter à reconnaître une nécessité aussi évidente et aussi absolue, et d'autre part s'attarder à des préventions aussi futiles et à des objections aussi ridicules.

Même, je vous dirai carrément que tous les atermoiements offerts pour faire accepter la mesure sont inutiles.

Voilà de longues années qu'en Belgique toute institutrice, pour que l'école jouisse de quelque subside public (Etat, province, commune), doit être diplômée. Nos évêques ont été les premiers à soutenir cette stipulation de notre loi scolaire de 1884. Toutes nos religieuses enseignantes sont diplômées. La plupart ont fait leurs études dans des écoles normales confiées à des religieuses d'une autre congrégation. Voilà de longues années que j'ai sous ce rapport des relations sans nombre. J'ai connu dans telle école normale des religieuses de toutes couleurs, et de tous voiles, guimpes ou cornettes, et je n'ai jamais vu de ce côté moins d'entente qu'entre *les élèves laïques* qui suivaient avec elles l'école. Car en Belgique *c'est la règle* : religieuses et laïques suivent à la fois la même école, sauf que pour les exercices spirituels les religieuses ont ordinairement une direction spéciale.

Dites donc hardiment à tous que toutes les objections, que toutes les craintes soulevées contre l'entreprise si profondément utile, disons mieux, si nécessaire de la formation sérieuse des religieuses enseignantes sont de pures chimères.

Vos religieuses de France ne le cèdent sans doute pas

en charité, ni en générosité à leurs sœurs de Belgique !

Veuillez agréer, cher monsieur, mes hommages de respectueux dévouement.

L'abbé F. X. Temmerman.

Là, rien d'américain, rien de « Fin de siècle », et rien cependant, en notre création, qui doive différer de celle de Bruges. Pour mieux comprendre l'esprit et l'organisation de cette maison type, le système de direction, les moyens pris par les supérieurs afin de conserver à chaque sujet l'esprit de son propre institut, je suis allée en Belgique. C'est dans une retraite hospitalière, offerte par de pieux et bons amis, que j'ai pu, loin du bruit fait autour de mon nom, reprendre la plume tout en me documentant, et m'enrichir encore de quelques détails précieux.

En vertu d'une autorisation de la Supérieure générale, j'ai pu étudier sur place l'école normale religieuse de Bruges, dirigée par les dames de Saint-André. J'ai vu successivement : Sa Grandeur Monseigneur de Bruges, M. le chanoine Luyssen, depuis 22 ans directeur spirituel de la maison et inspecteur diocésain principal, la supérieure de l'Institut, la directrice de l'école normale. J'ai visité l'établissement dans ses moindres détails, feuilleté et parcouru des livres d'élèves ; enfin, pris les renseignements les plus minutieux sur l'esprit de la direction, les méthodes, l'horaire de la journée, jusqu'aux menus des repas. Voici dans les grandes lignes ce qu'est la maison.

Elle comprend :

1° Un pensionnat et un externat de jeunes filles dirigés par les Dames de Saint-André.

2° Une école d'application, que nous appellerions en France une école annexe.

3° Une école enfantine, nommée en Belgique école gardienne, qui sert d'école d'application aux religieuses élèves se préparant à l'examen spécial du certificat d'aptitude des écoles gardiennes.

4° Une école normale primaire, pour religieuses, entièrement séparée, ayant un corps de bâtiment, des cours et des professeurs spéciaux. Cette école normale compte en moyenne 125 élèves de tous ordres, de toutes congrégations.

5° Une école normale Frœbelienne, c'est-à-dire organisée pour la formation spéciale des religieuses de toute congrégation aux fonctions d'institutrices gardiennes. Les élèves de cette section, sauf pour les cours, sont mêlées aux élèves de l'école normale primaire.

En Belgique, il existe actuellement plusieurs écoles normales fréquentées par des religieuses ; mais l'école normale de Bruges, fondée une des premières, dès 1859, fut longtemps la seule où n'étaient admises, ainsi que nous le désirons, à l'Institut Notre-Dame, que des religieuses, à l'exclusion de toutes laïques.

Les religieuses ne sont reçues à l'école normale qu'après un examen d'admission, lequel me paraît, suivant le programme détaillé que j'ai sous les yeux, à peu près de la force du brevet élémentaire français ; mais trop différent pour que la comparaison puisse exactement s'établir. Cet examen compte plusieurs épreuves écrites, dont chacune est subdivisée en deux sujets distincts : donc presque deux « compositions » comme l'on dit en France.

Cet examen étant assez sérieux, toutes les religieuses n'ont pas la facilité de le préparer dans leur maison respective ; à l'effet de cette préparation des cours s'ouvrent donc dans l'école même, aux environs de Pâques, et se prolongent jusqu'au milieu du mois d'août, époque à laquelle les candidats sont appelés à subir les épreuves de l'examen d'admission. Cet examen a lieu devant un jury composé des professeurs de l'école normale.

Les sujets admis — on m'assure que les examens d'admission sont de plus en plus sévères — doivent, pour être à même de subir cette épreuve avec succès, suivre les cours pendant quatre ans.

Le travail journalier se divise en études — assimilation proprement dite — scientifiques, littéraires, pédagogiques ou méthodologiques ; et en application pratique, c'est-à-dire que les sujets s'exercent à l'enseignement sous la direction de leurs professeurs.

Le nombre et la distribution des exercices religieux correspond, de la façon la plus précise, au projet d'horaire tant discuté, dont les grandes lignes sont exposées dans mon premier ouvrage. A savoir : une demi-heure de méditation, le matin ; les deux examens réglementaires, un chapelet, une visite au Saint-Sacrement, préparation de la méditation du lendemain, le soir. Enfin, il faut ajouter la sainte messe etl'action de grâce (dont j'avais cru inutile de parler : l'idée que l'on soupçonnât la suppression de la sainte messe pourait-elle venir à une religieuse ? La seule différence à noter, est l'addition, dans notre projet, d'un quart d'heure de lecture spirituelle chaque jour. A l'école normale de Bruges, la lecture spirituelle n'a lieu que trois fois par semaine, mais une demi-heure chaque fois.

Le règlement de Bruges fait aussi mention de la confession hebdomadaire, de la récollection mensuelle et de la retraite annuelle, qui ne sauraient être omises chez nous, puisque ces exercices constituent pour l'âme religieuse les meilleurs moyens de perfectionnement.

Par le fait même de leur entrée à l'école normale, tous les sujets sont dispensés de leur règle respective, pour être assujettis à une règle unique : celle de l'école normale (1).

____

(1) En pratique, cette dispense s'applique à un très petit nombre de points, et a simplement pour but d'assurer la régularité et la bonne marche de l'école. (Note de M. le chanoine Luyssen).

Chaque religieuse garde son costume. L'ensemble présente un effet qui ne manque pas d'originalité. Les normalistes ont été photographiées en groupe ; cette photographie a un aspect vraiment intéressant.

Il n'est tenu compte, dans la direction générale, ni d'esprit particulier, ni de pratiques particulières de telle ou telle congrégation. Dans les conférences spirituelles — que, comme nous encore, les fondateurs de l'école ont voulu multiplier — il est question surtout d'esprit religieux.

Les élèves quittent l'établissement après l'obtention du diplôme d'institutrices à la suite d'un examen de sortie. Cet examen, qui me paraît très sérieux, ne comprenant pas moins de treize compositions.

D'autre part, pour entretenir l'esprit d'étude chez les religieuses enseignantes, et perfectionner, tous les jours davantage, leurs aptitudes professionnelles, l'autorité diocésaine a, dans les divers diocèses, organisé des conférences scolaires, à l'instar de celles que le Gouvernement impose au personnel des écoles communales.

Voici quel est l'ordre habituel des exercices dans ces conférences :

1° Lecture du rapport de la dernière séance ;

2° Lecture et appréciation des travaux rédigés à domicile par les religieuses institutrices ;

3° Résumé des observations générales faites au cours des inspections particulières de chaque maison ;

4° Une ou plusieurs leçons, sur un sujet indiqué, données publiquement, par une religieuse, à un groupe d'élèves, qui sont emmenées aussitôt la leçon terminée;

5° Observations pédagogiques et méthodologiques sur la leçon donnée, ou à propos de cette leçon ;

6° Un sujet est traité, soit par M. l'Inspecteur-Président. soit par un des membres nommé par lui.

Un discours, résumant la séance, et encourageant les professeurs à se perfectionner dans l'esprit apostolique et la science pédagogique, clôt la réunion.

De plus, — et ceci est particulier au diocèse de Bruges, — tous les deux ans, les religieuses enseignantes, âgées de moins de 40 ans, subissent un examen écrit sur les diverses matières de l'examen de sortie des écoles normales. Cet examen, qui n'est pas imposé par l'Etat, a pour objectif, dans la pensée de Monseigneur l'Evêque et du clergé, d'obliger les religieuses à poursuivre leurs études. Elles doivent, suivant un règlement obligatoire, y consacrer une heure et demie par jour.

Cours pour l'examen préparatoire, 4 ans de séjour à l'Ecole normale, conférences pédagogiques, examens bi-annuels : tels sont les rouages d'un même système dont le résultat doit être l'incontestable supériorité des maisons congréganistes sur les écoles de l'Etat.

L'intelligente organisation de l'école, les services rendus par elle, ce fait accepté et consacré de la réunion de religieuses de différents ordres dans la même maison, nous donnent droit d'espérer que les préventions d'excellents esprits sur notre projet, vont tomber devant le simple résumé de notre visite à Bruges. Pourquoi les religieuses françaises seraient-elles plus difficiles à guider, et auraient-elles un esprit religieux moins solide que les religieuses belges ?

On nous objecte que la Belgique est petite, relativement à la France que les congrégations enseignantes y sont peu nombreuses, donc les difficultés moindres. C'est là une erreur : dans le seul diocèse de Bruges, il n'y a pas moins de quatre-vingt-dix congrégations distinctes. Ajoutons que quatre-vingt-cinq d'entre elles ont envoyé des sujets à l'école normale de Bruges. Pendant l'année scolaire 1898-1899, les cours seront suivis par 125 religieuses appartenant à 64 congrégations différentes.

Malgré la bruyante polémique soulevée par notre œuvre, l'humble voyageuse, qui venait puiser, à leur source, ces renseignements précieux, a trouvé auprès de Monseigneur l'Evêque, comme à l'Institut, le plus bienveillant accueil Le vénéré directeur de la maison, avec lequel nous avons causé longuement, nous a donné, lui-même, les renseignements les plus précis. C'est presque sous sa dictée que certains détails ont été écrits. Nous sommes heureuse d'exprimer ici à cet éminent chanoine, qui cumule avec tant de compétence et de maîtrise de si importantes et si multiples fonctions, notre reconnaissance la plus profonde. Sa courtoise bienveillance, et son infatigable complaisance, nous ont vivement touchée.

Voici quelques détails historiques qu'il a bien voulu nous communiquer :

« L'Ecole Normale primaire pour religieuses, dirigée par les Dames-de-Saint-André, a été fondée par Mgr Malou, évêque de Bruges, en 1859 (1).

« De 1859 à 1870, cette école était libre. A l'examen de sortie, subi devant une commission épiscopale, les élèves recevaient un diplôme sans valeur légale : c'est-à-dire ne conférant pas le droit de nomination aux fonctions d'institutrice communale. Le but, poursuivi par le savant évêque, de pieuse mémoire, était de mieux préparer les religieuses enseignantes à leurs difficiles fonctions et de les rendre capables, par une sérieuse formation pédagogique, de donner à l'enfance une instruction et une éducation à la hauteur des exigences du temps. Nos seigneurs les Evêques de Belgique ont unanimement approuvé et soutenu cette création.

---

(1) Nous tenons à répéter que l'Ecole de Bruges est une école normale primaire. Celle que nous voulons fonder est une école supérieure. A Bruges, des cours supérieurs sont faits aussi à quelques élèves, et à quelques rares religieuses. Mais ces cours spéciaux — appelés cours moyens — ne font pas partie des programmes de l'école.

« En 1870, l'Ecole normale fut agréée par le Gouvernement qui, depuis lors présida aux examens et délivra des diplômes ayant une valeur légale.

« De 1879 à 1884, sous la loi scolaire, dite : *loi de malheur*, l'école normale perdit le droit de délivrer des diplômes officiels. Mais les diplômes, délivrés pendant ce temps par une commission épiscopale, ont été entérinés en 1885, et ont depuis lors valeur légale.

« Depuis 1884, l'école est de nouveau agréée par le Gouvernement.

« Depuis 1893, une école normale pour institutrices gardiennes (religieuses) y est annexée.

« Il y a actuellement 125 élèves religieuses. »

Je continue à reproduire ici textuellement une partie de notre conversation. Elle n'est pas sans quelque intérêt.

« Que faites-vous pour garder à chaque reli-
« gieuse l'esprit propre de sa congrégation ?

« — Tous nos efforts tendent à faire bien com-
« prendre la sublimité de la vocation religieuse, et à
« faire aimer et pratiquer les devoirs qu'elle impose.
« Nous cherchons à inculquer à toutes le désir de
« la perfection, de la sainteté, et un zèle ardent pour
« la gloire de Dieu et le salut des âmes. Nous leur
« prêchons les moyens les plus aptes à atteindre le
« but de leur vocation, et à développer, à perfection-
« ner en elles l'esprit religieux, c'est-à-dire un

« esprit de piété, de charité, de dévouement et de
« sacrifice.

« En outre, rien n'est négligé pour les rattacher
« toujours davantage à la communauté où la divine
« Providence les a amenées. On n'a pas à se préoc-
« cuper, à l'école normale, de ce que l'on appelle
« parfois *l'esprit propre* des différentes commu-
« nautés ; on laisse aux supérieures respectives le
« soin de l'inculquer, soit avant l'entrée à l'école,
« soit après la sortie, soit pendant les vacances
« scolaires. »

Que l'on me permette ici une réflexion toute per-
sonnelle.

Après tout, qu'est-ce donc que cet esprit propre
et, où donc se trouve la différence de vie religieuse entre communautés vouées à l'enseignement ?

Il ne peut être que dans le nombre et le choix
des exercices religieux et dans l'horaire — même,
chose bien minime, dans le cérémonial en usage
ici ou là. — Qu'importent ces détails ! Au fond, la
vie religieuse est la même pour tous les ordres,
toutes les congrégations. Que nos religieuses aient
l'esprit de Jésus-Christ, et elles seront bonnes religieuses partout. Que les sœurs de la Sagesse ne
fassent que deux génuflexions quand les Augus-
tines en font dix, cela importe, sans doute, et reste
sacré, comme cérémonial et coutumier de chaque
maison, mais cela ne touche en rien au fond de

l'âme, aux dispositions intimes, à la vie d'union avec Notre Seigneur ; pas plus qu'aux grandes vertus chrétiennes, sur lesquelles il faut greffer les grandes vertus religieuses. Les vœux de pauvreté, de chasteté d'obéissance, peuvent avoir, quant à l'esprit de chaque institut une extension plus ou moins grande, et une application pratique plus ou moins sévère ; mais, théologiquement parlant, ce sont toujours les mêmes vœux ; et les règles posées par les saints canons sur la pauvreté, la chasteté et l'obéissance religieuses, peuvent-elles différer suivant l'ordre auquel elles s'adressent. Donc, développant les vertus religieuses en général, ce à quoi nous viserons fortement, nous croyons pouvoir procurer réellement le perfectionnement moral et religieux des sujets qui nous seront confiés.

Mais je questionnais encore le vénéré chanoine :

« Les supérieures des communautés entendent-« elles cela comme vous ?

« — Généralement oui. La preuve en est qu'à peu « près toutes les supérieures y nous envoient leurs « sujets. Je me souviens, cependant, qu'un jour une « supérieure voulut empêcher deux de ses sœurs de « suivre les exercices de la retraite annuelle, allé-« guant pour motif que cette retraite ne serait peut-« être pas donnée « suivant l'esprit de son institut. »

« Mais on n'eut pas de peine à convaincre cette bonne « Mère de son erreur, et à la faire revenir sur sa « décision.

« Au reste, ajouta le vénéré chanoine, toutes les
« objections que l'on vous oppose toutes celles que
« vous refutez dans votre volume, nous ont été fai-
« tes. L'expérience a démontré que, même les plus
« spécieuses, n'ont pas de fondement solide. Par le
« fait de notre existence elles sont heureusement
« résolues ».

Tout en causant, le vénéré chanoine feuilletait
notre ouvrage. Nous avons parcouru ensemble la
partie des objections. Une seule l'a rendu songeur,
celle qui m'a le plus inquitée moi même celle qui
prouve à quel point notre œuvre est nécessaire :
« Les sujets, revenant de l'Institut, vont vouloir tout
réformer chez nous. » Cette phrase, pour qui sait
lire, pour qui connaît l'humanité—identique en tout
temps et en tout milieu — est une prophétie d'em-
barrassantes difficultés. plus ou moins malaisées à
tourner, et qui attendent les jeunes diplômées au
seuil de leur maison. Des anciennes, un peu inamo-
vibles en leurs emplois, en leurs charges représentant un état d'esprit, un ensemble de méthodes consacrées par l'usage, ne verront pas sans inquiétude
un vent d'innovation partant de l'Ecole normale
souffler sur la maison.

« J'ai dû maintes fois répéter, nous disait le
« judicieux directeur de la maison, cette phrase
« que j'ai retrouvée sous votre plume : —« Si vous
« ne voulez rien modifier, rien perfectionner dans
« vos programmes, dans vos méthodes d'enseigne-

« ment, pourquoi nous envoyer vos sujets? » Au fond,
« il ne s'agit pas de tout trouver mauvais, de tout
« bouleverser, mais d'apporter prudemment, len-
« tement, sagement, quelques améliorations, que
« l'étude et l'expérience ont montrées utiles ou né-
« cessaires au succès de l'enseignement. Et quel
« meilleur moyen de faire pénétrer partout un sage
« progrès, que celui d'un centre commun où tous
« peuvent venir chercher la lumière et la direc-
« tion ?

« — La lumière et la direction, c'est bien cela,
« mais estimez-vous que ce soit chose facile à don-
« ner.

« — Il est possible — cela s'est même vu parfois
« ici — que l'introduction des bonnes méthodes se
« heurte à une routine défiante ou obstinée ; mais si
« vos élèves, prévenues, agissent avec prudence et
« par persuasion ; surtout si, comme chez nous,
« elles sont soutenues et encouragées par l'autorité
« religieuse, la transformation, — où elle est né-
« cessaire, — se fera sans heurt et sans secousse.

« Puis, après quelque temps, chaque maison comp-
« tera plusieurs sujets ayant passé par l'École nor-
« male, et toute prévention aura disparu. »

« — C'est bien aussi ce que nous espérons.

« — Il ne peut être question de réformer ni la di-
« rection spirituelle, ni tout ce qui concerne la vie
« religieuse. Notre école normale ne s'occupe que de
« questions pédagogiques. Et dans ce domaine encore

« il faut noter que, tout changement reste subordon-
« né à l'approbation des supérieures de chaque mai-
« son. Qui contestera que certains changements
« soient parfois nécessaires ?... à moins de dire que
« seules, les méthodes pédagogiques, échappent aux
« lois de progrès et de perfectionnement ? »

D'autre part, ajoutons que l'esprit religieux dans
les communautés adhérentes, n'a certes pas baissé
par le séjour de quelques uns de leurs membres à
l'école normale. Bien au contraire : la solide et intelligente formation que ces sujets ont reçue dans
un milieu, à la fois foncièrement religieux et plus
intellectuel que le leur, agissant par influence sur
les sœurs qui les entourent, produit une contagion
heureuse de ferveur et de largeur d'esprit.

Enfin, si les préventions furent longues à tomber, si les méfiances, les partis pris créèrent à la
maison naissante d'entravantes difficultés, la bataille
— qui, pour s'être livrée sur un terrain moins vaste
et être moins bruyante que nos luttes actuelles
n'en fut pas moins une bataille — aujourd'hui est
gagnée. A cette heure, on bénit l'influence heureuse,
tant au point de vue religieux, qu'au point de vue
pédagogique, de cette maison modèle. Là se sont
formées, non seulement des professeurs distinguées, mais encore des maîtresses des novices, des
supérieures intellectuellement et moralement à la
hauteur de leur difficile mission.

L'éminent chanoine auquel nous posions cette

question : — « Les Évêques ont-ils imposé aux reli
gieuses enseignantes un passage à l'école Saint-
André ? » — nous répondit :

« Non certes, tout a été libre, si bien que nous
avons commencé avec cinq religieuses étudiantes ;
que, pendant quelque temps, nous n'avons eu qu'un
nombre assez restreint d'élèves.

« Mais les vénérés Évêques de Bruges n'ont cessé
d'encourager les efforts des communautés enseignantes pour la formation professionnelle de leurs
sujets ; ils ont prodigué à l'école normale de Bruges
les témoignages de leur haute satisfaction, tant au
point de vue de l'esprit religieux qui y règne, qu'au
point de vue de la solidité et du succès des études.
Grâce à ces précieux encouragements, grâce aussi
à certaines exigences de la loi scolaire, le nombre
des élèves a sans cesse augmenté, et les vastes bâti-
ments que vous avez vus, suffisent à peine à les con-
tenir. »

Il est vraiment vaste et fort beau — d'une beauté
monastique de bon goût — le couvent qui fait office
d'école normale religieuse. La salle de dessin com-
plètement outillée, le cabinet de physique, celui
d'histoire naturelle, la bibliothèque, le petit musée,
sont composés avec une manifeste intelligence. On
comprend aisément que jamais des couvents de
province ne pourraient se procurer ce luxe pédagogique, bien nécessaire cependant à la formation
des professeurs.

Il nous reste à reproduire, comme pièce à l'appui, la partie la plus intéressante de la notice sur l'école normale belge. Dieu veuille bénir aussi notre entreprise, lui donner le moyen de faire quelque bien, et bientôt les communautés religieuses françaises recevront sur l'école normale religieuse française, la notice annonçant l'ouverture réclamée déjà par un grand nombre de supérieures.

« L'école normale des Dames de Saint-André est placée sous le patronage de Monseigneur l'Evêque de Bruges et agréée par le Gouvernement.

« On admet à suivre les cours : les religieuses professes, les novices et les postulantes d'une congrégation religieuse quelconque qui désirent obtenir le diplôme d'institutrice.

« L'enseignement comprend : la religion et la morale ; des notions élémentaires des institutions constitutionnelles et administratives du pays et de la législation sur l'instruction primaire ; la pédagogie et la méthodologie ; la langue flamande et la langue française ; l'écriture, l'arithmétique et l'exposé complet du système légal des poids et mesures ; la géographie, l'histoire, les notions d'hygiène, les notions élémentaires des sciences naturelles, de l'horticulture et de l'économie domestique ; le dessin, les formes géométriques et le travail à l'aiguille ; la gymnastique, la musique vocale et la tenue des livres ».

« Il est annexé à l'Ecole normale primaire une section spéciale destinée à la formation d'institutrices d'écoles gardiennes. La durée des cours est d'un an ; les élèves subissent ensuite un examen devant le jury des maîtresses, afin d'obtenir un certificat de capacité. Pour être admises à ce cours, les récipiendaires doivent être âgées de 16 ans au moins, de 25 ans au plus. Elles doivent subir un examen d'entrée sur les principales branches de l'enseignement primaire. Cet examen a lieu en même temps que l'examen d'admission aux cours normaux.

« A la section gardienne les leçons se donnent en flamand ; mais les élèves qui le désirent, peuvent prendre des leçons de langue française.

« Tout en travaillant avec zèle à faire progresser dans les sciences les élèves qui leur sont confiées, les Dames de Saint-André ne négligent rien pour conserver et augmenter dans leurs élèves les vertus de leur saint état, et pour fortifier leur attachement à l'Institut religieux auquel elles appartiennent.

« Sa Grandeur Monseigneur l'Évêque de Bruges, par lui-même et par des ecclésiastiques de son choix, dirige entièrement la maison sous le rapport spirituel.

« Les élèves-étudiantes ont leurs exercices de piété réglés d'une manière uniforme pour toutes, et mis en rapport avec les exigences de leurs études et l'esprit de leur vocation.

« La durée des cours est de quatre ans.

« La date de l'examen d'admission est fixée, chaque année, par la Directrice de l'établissement. Les récipiendaires lui adressent leur demande avant le 1er août et y joignent : A) un extrait de leur acte de naissance ; B) un certificat de médecin, constatant qu'elles ont été vaccinées ou ont eu la variole et qu'elles ont une bonne constitution.

« Un cours préparatoire à l'examen d'admission est organisé, chaque année, à la rentrée des vacances de Pâques. Les demandes doivent être faites d'avance. »

.·.

Ici nous sommes heureuse de reproduire la lettre que l'éminent Chanoine a bien voulu nous écrire, après la lecture des épreuves de ce petit compte-rendu de notre visite à Bruges.

Bruges, 17 octobre 1898.

Madame,

Après avoir lu attentivement les notes que vous désirez publier au sujet de l'Ecole normale primaire pour religieuses dirigée par les Dames de Saint-André à Bruges, ainsi que la relation de votre visite à cet établissement, j'en atteste volontiers la parfaite exactitude.

Quant au fond de la question, sans vouloir juger du bien fondé et de l'opportunité de vos appréciations concernant l'enseignement des communautés religieuses de France, je fais des vœux sincères pour la réussite de votre projet de créer une Ecole normale supérieure pour religieuses où, tout en conservant l'esprit religieux des élèves, vous leur procureriez une instruction suffisante et une formation pédagogique sérieuse.

Même si l'instruction donnée dans les couvents était partout aussi solide, que l'éducation qu'on y reçoit est excellente, pareille institution n'en serait pas moins éminemment utile, surtout aux congrégations de moindres ressources, pour maintenir le niveau des études, former les jeunes sujets, et entretenir partout l'esprit d'étude, et une saine émulation.

L'entreprise est hardie, l'œuvre n'est pas sans difficultés ; mais si, comme je l'espère, vous parvenez, avec le concours de l'autorité religieuse, à établir votre Ecole sur des bases solides, et à la diriger sagement, vous aurez bientôt réussi, la grâce de Dieu aidant, à secouer l'indifférence des uns, à calmer les appréhensions et à dissiper les préventions des autres. Et alors, Madame, vous verrez, comme cela s'est vu en Belgique, des œuvres similaires s'organiser sur tous les points de la France.

Agréez, Madame, l'hommage de mes sentiments respectueux en J.-C.

Chanoine Luyssen,
Directeur des Dames de Saint-André,
inspecteur diocésain principal.

Documents manquants (pages, cahiers...)
NF Z 43-120-13